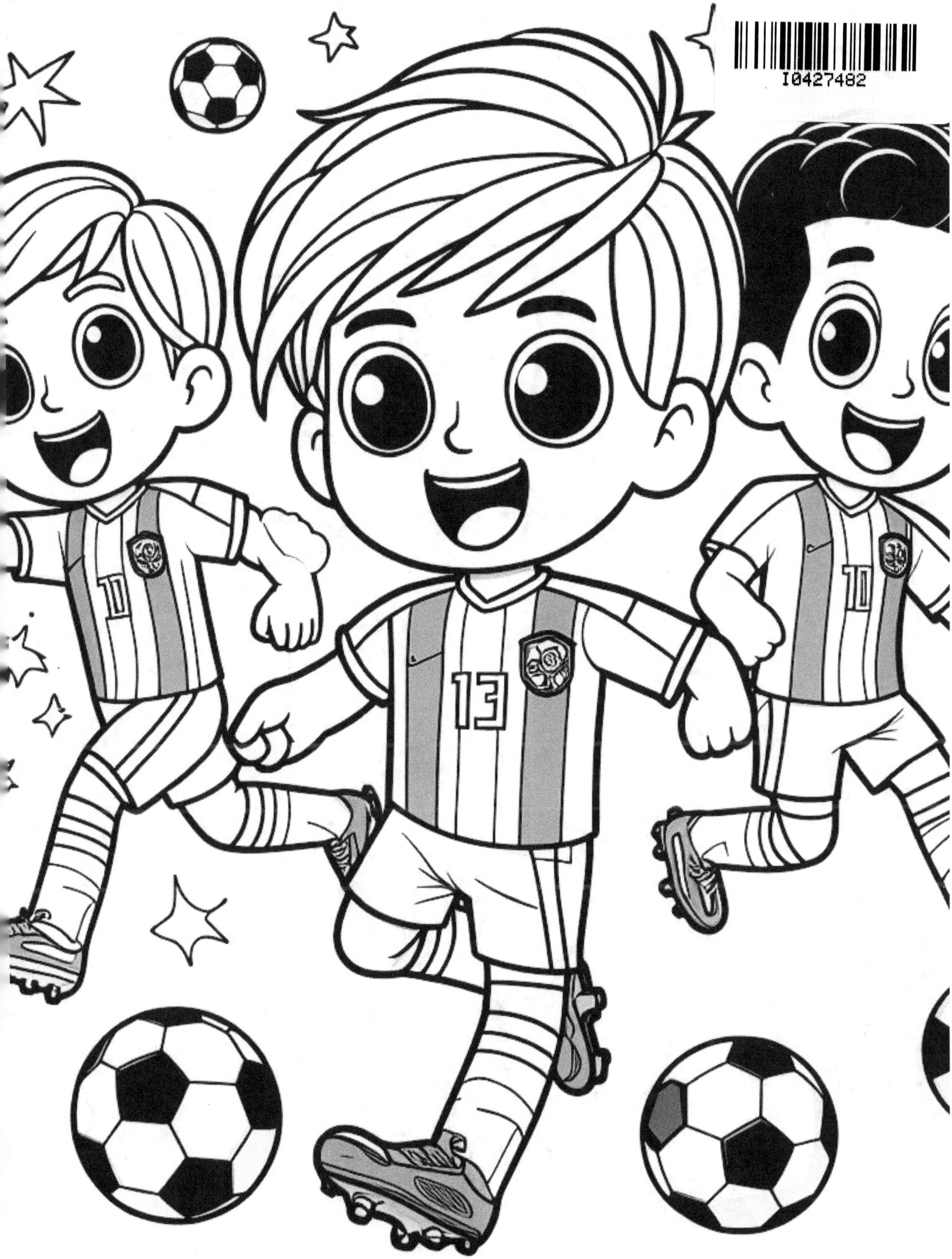
10
13
10

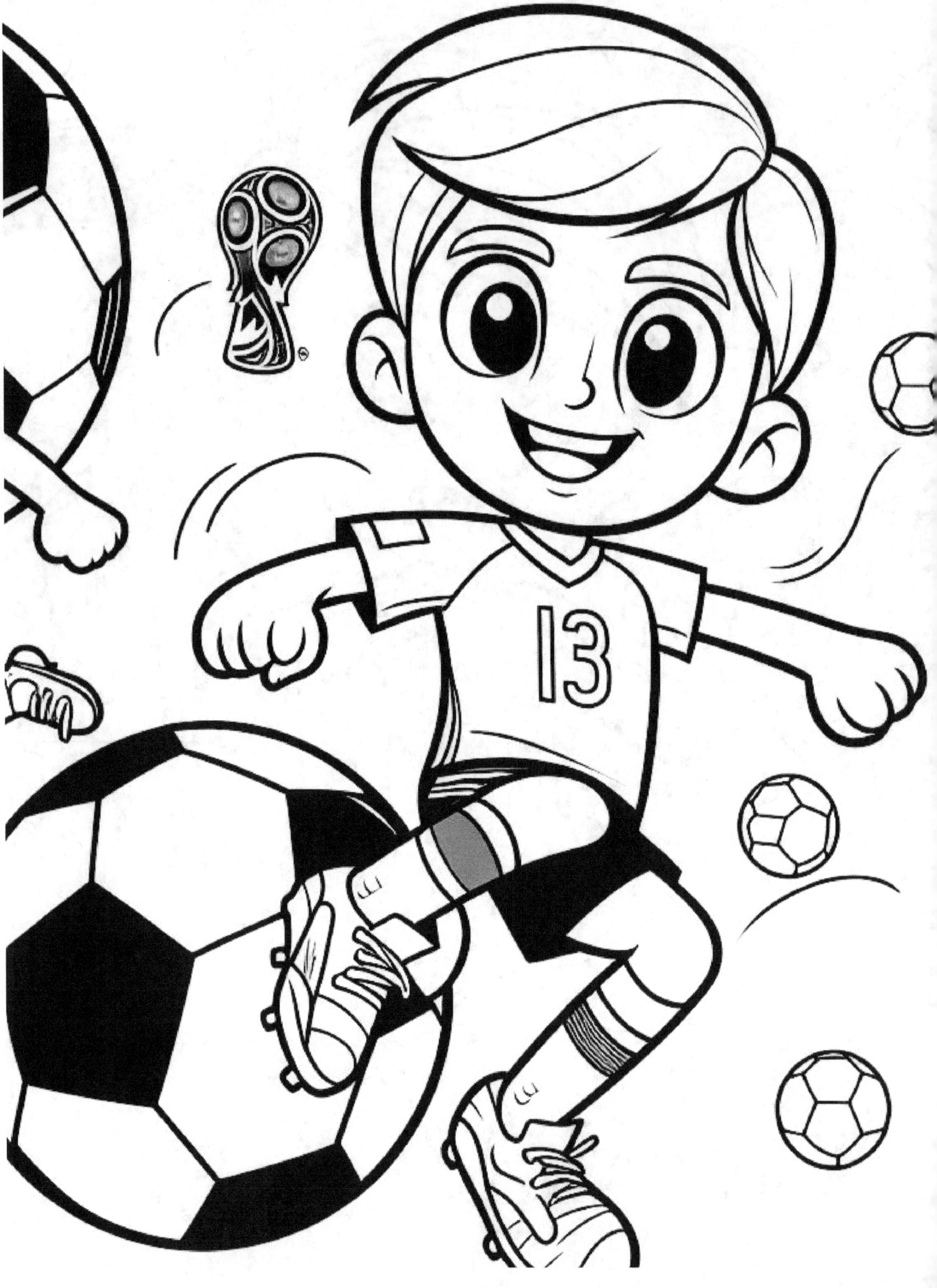
13

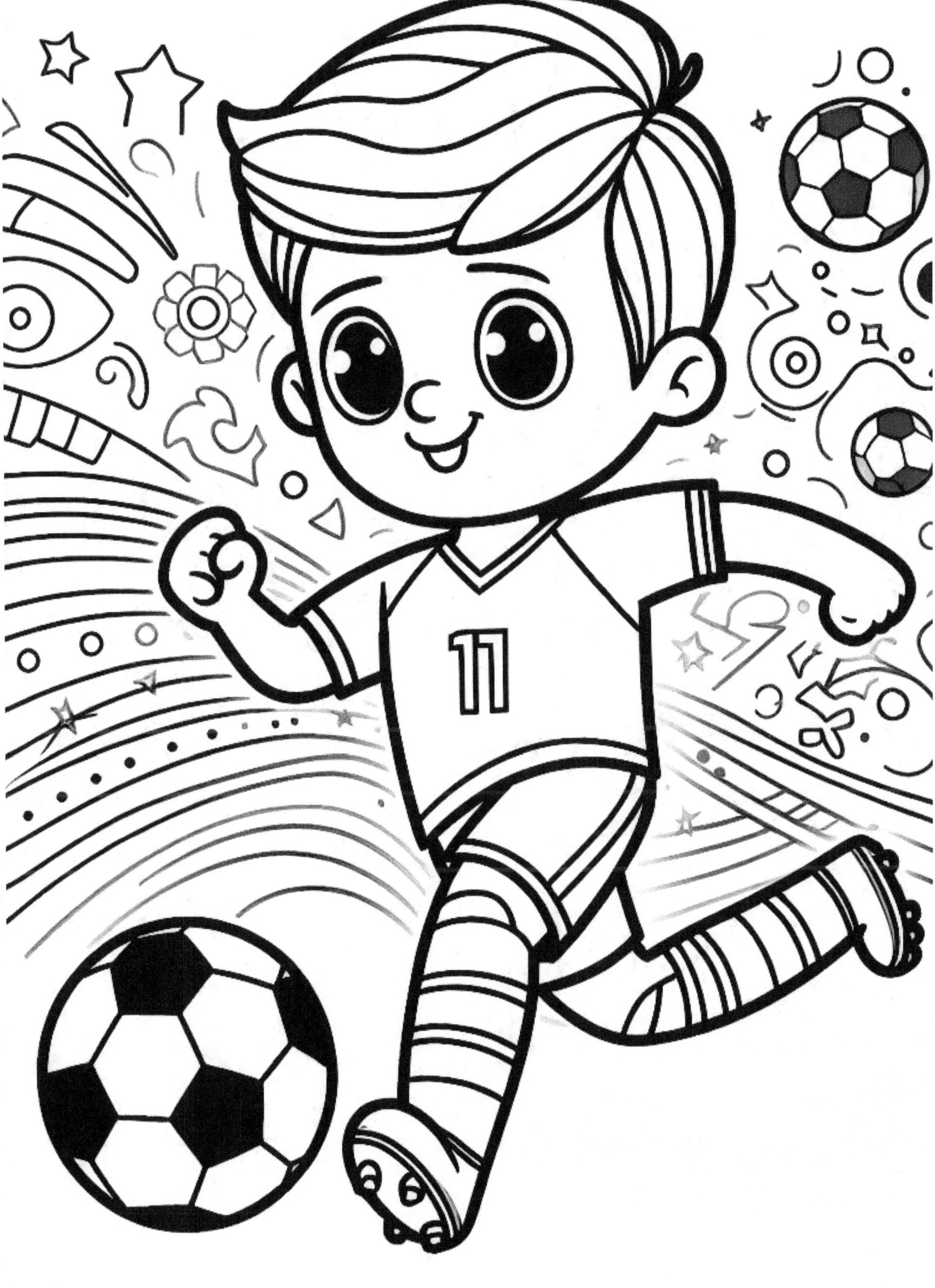
11

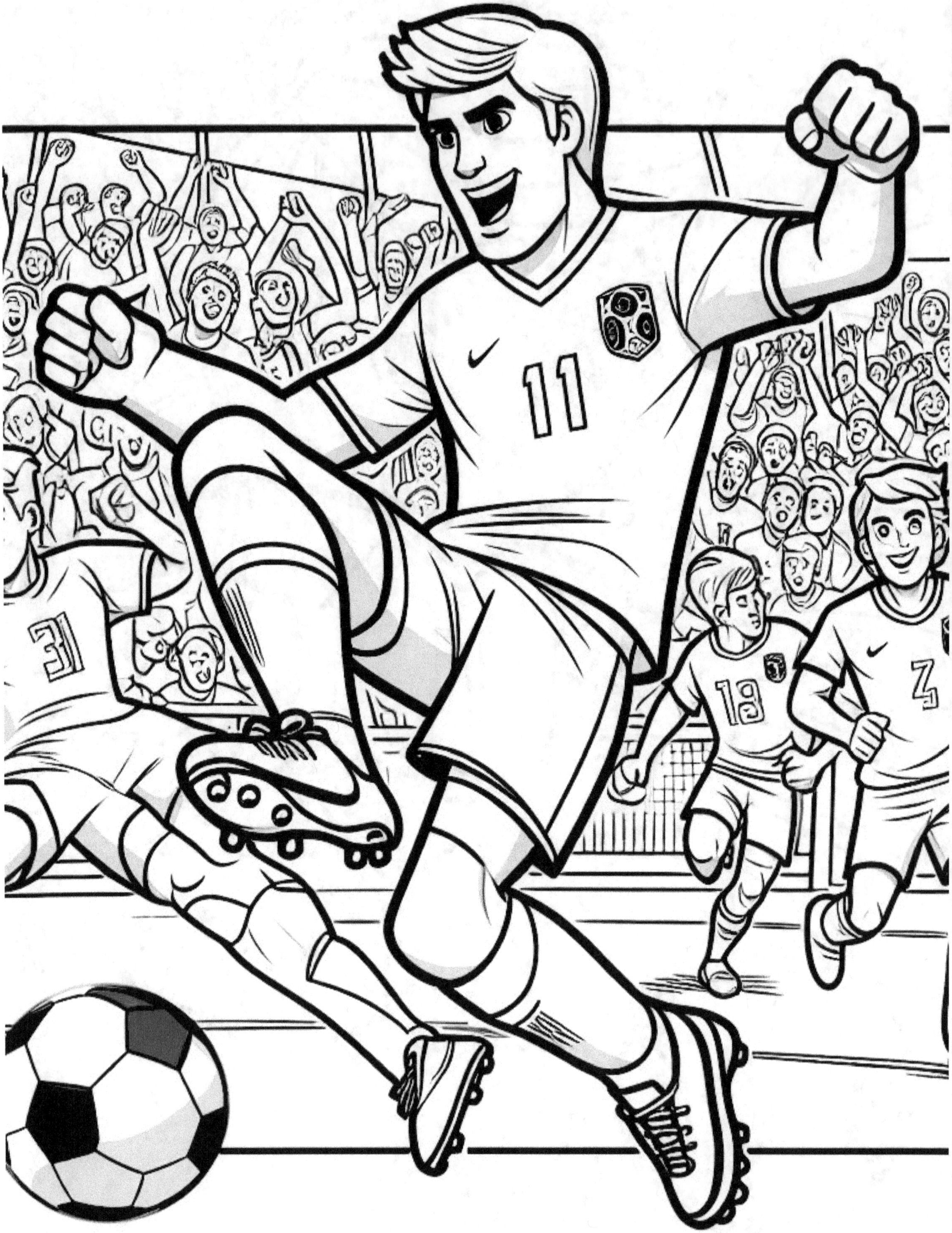
11

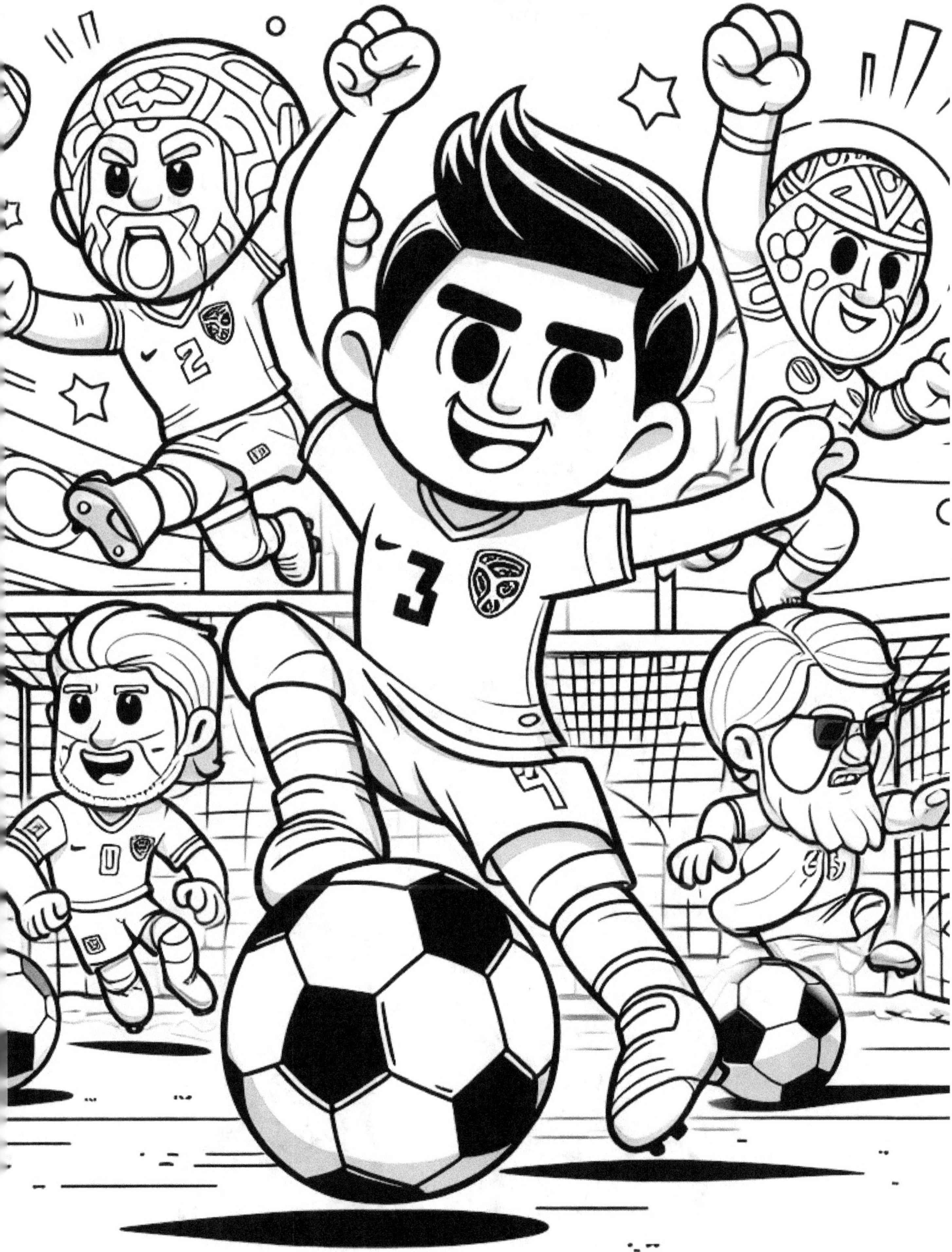
2
3

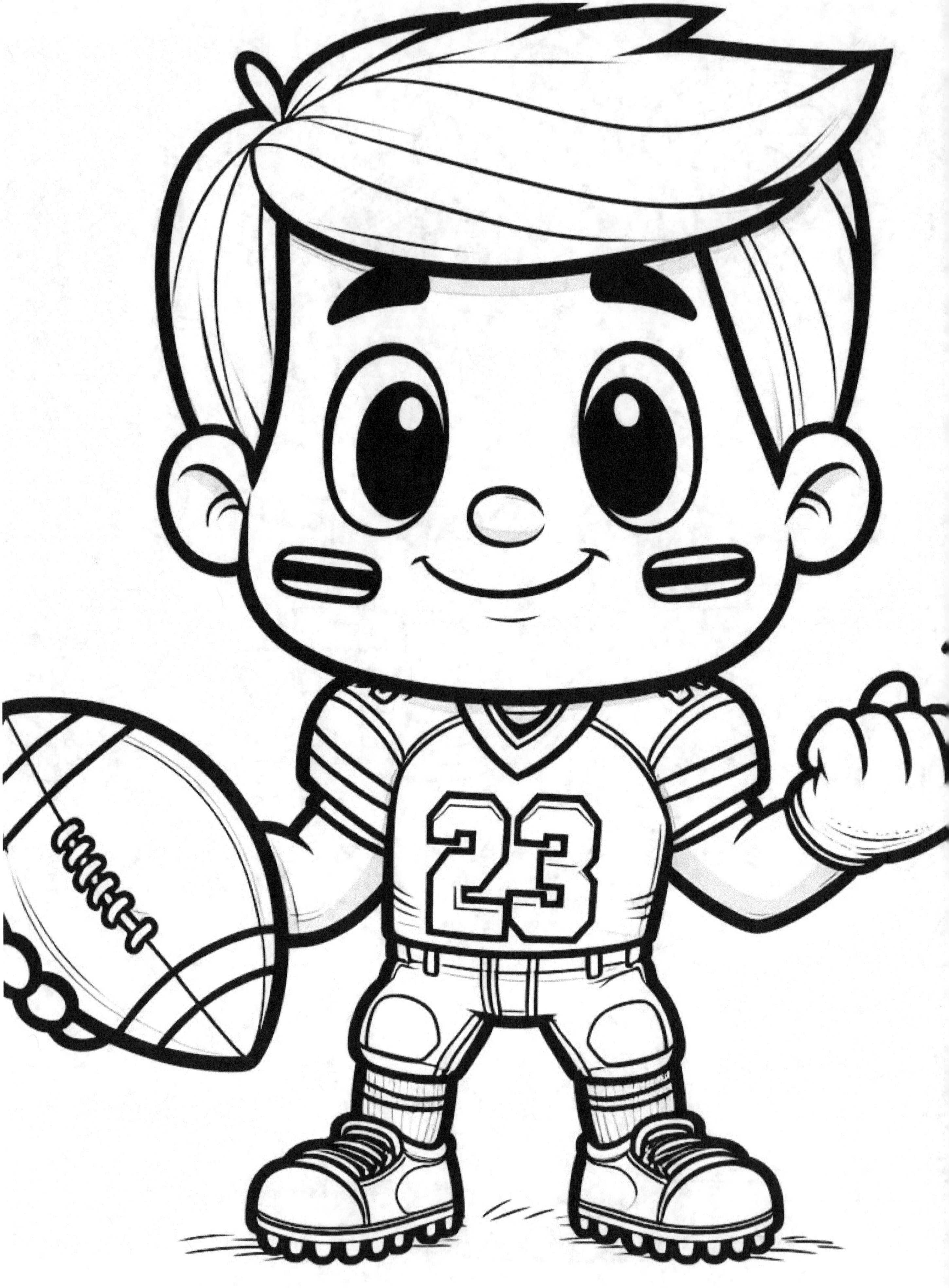
23

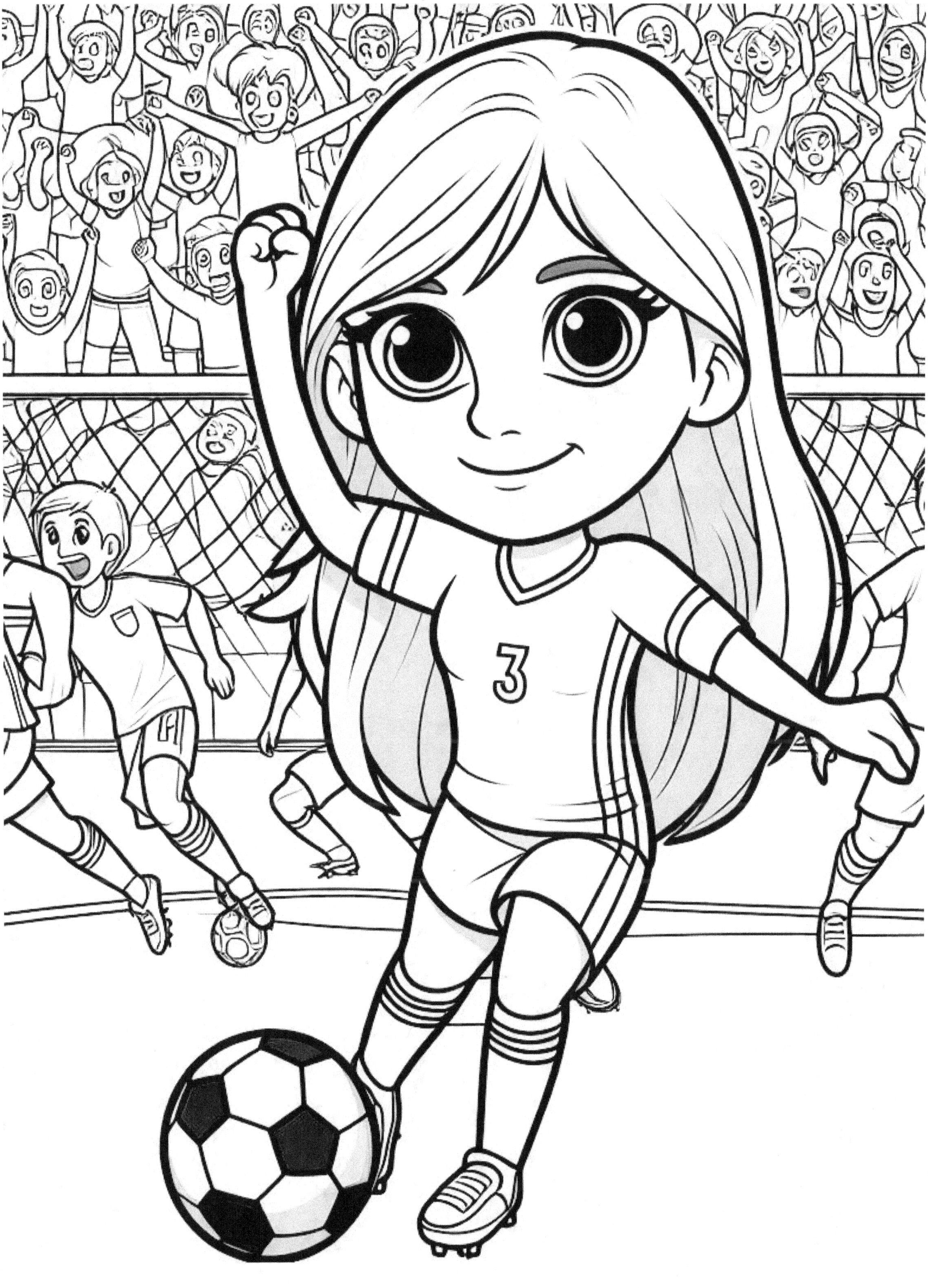

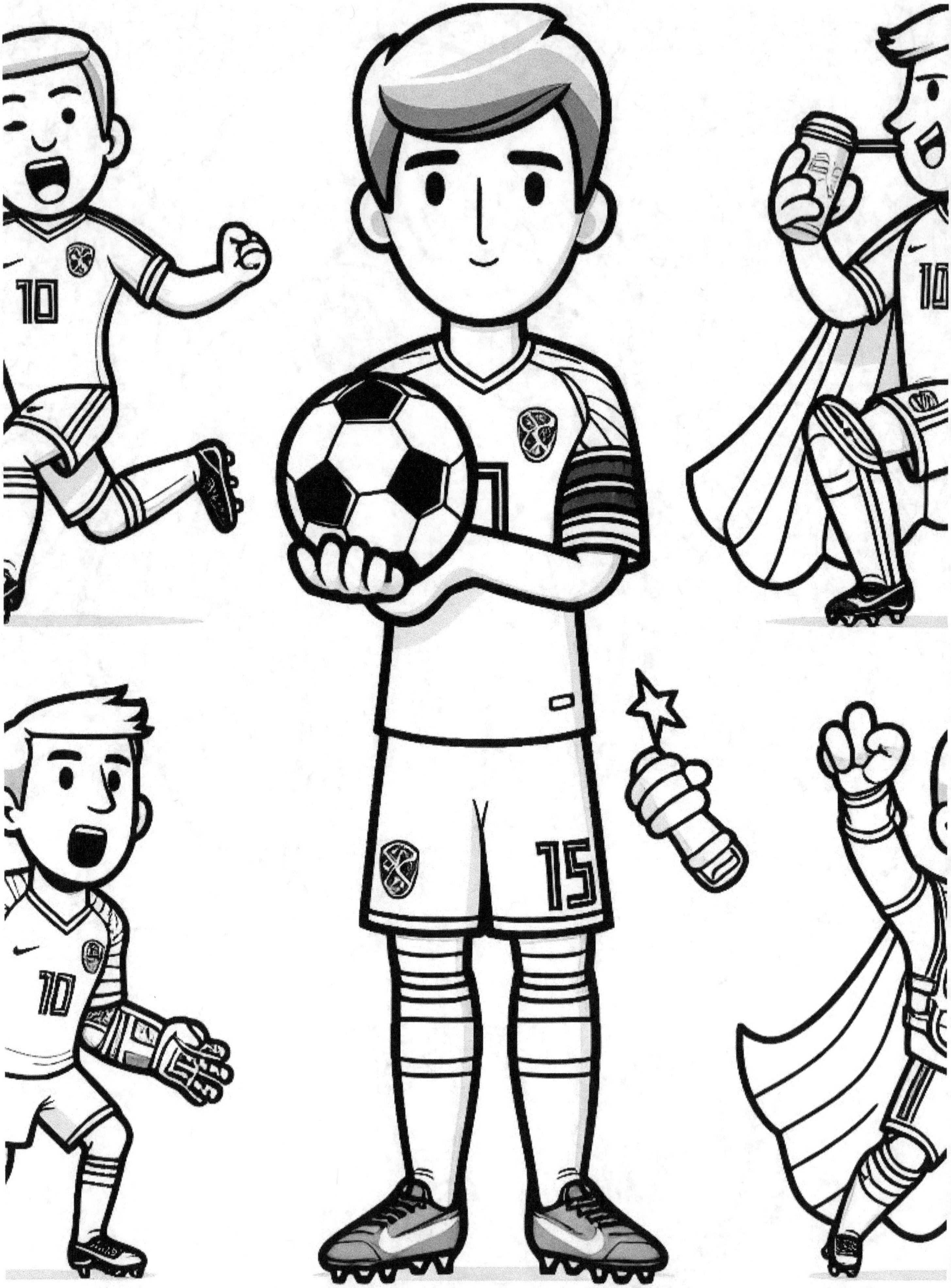
10
15
10
10

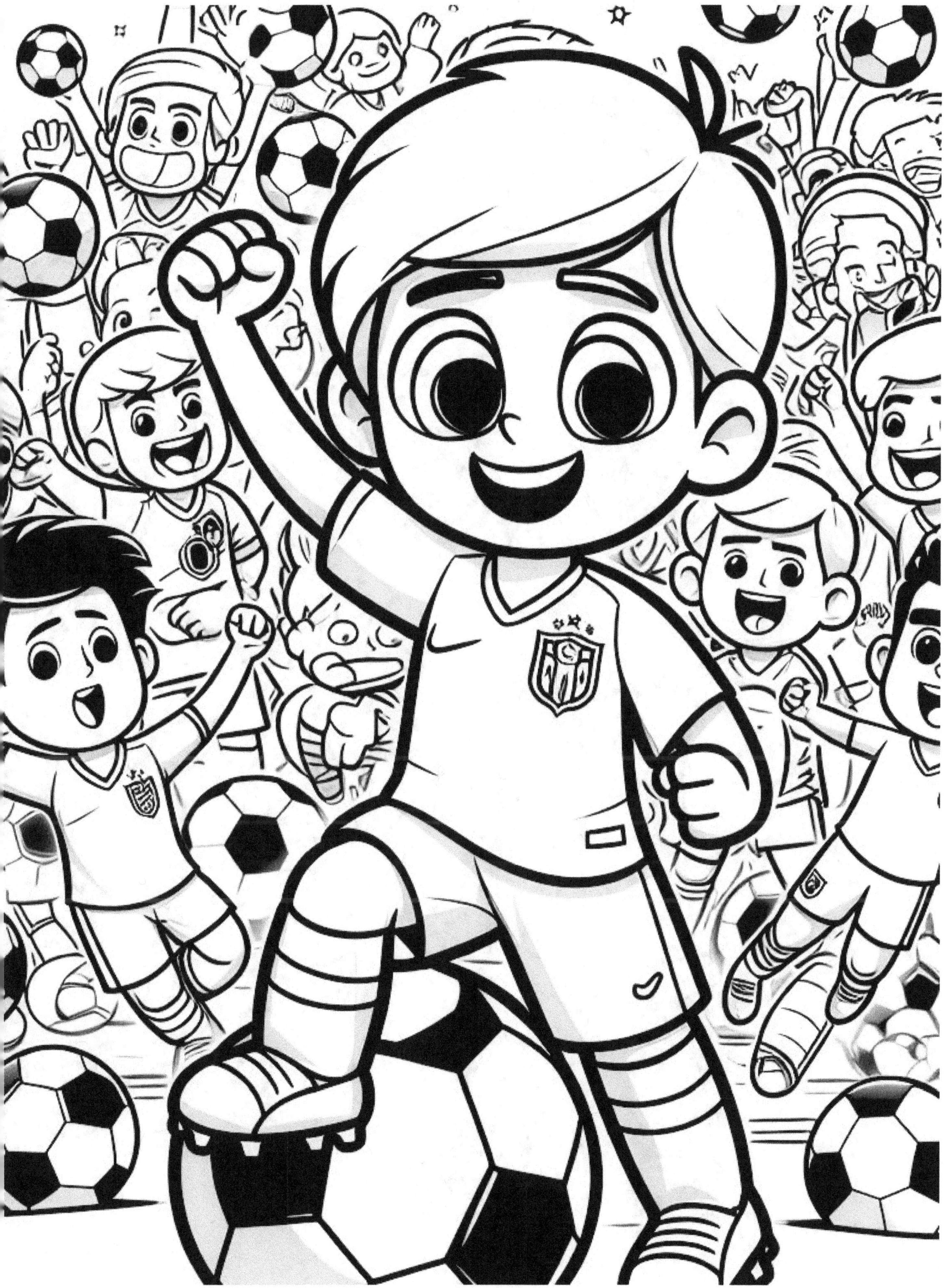

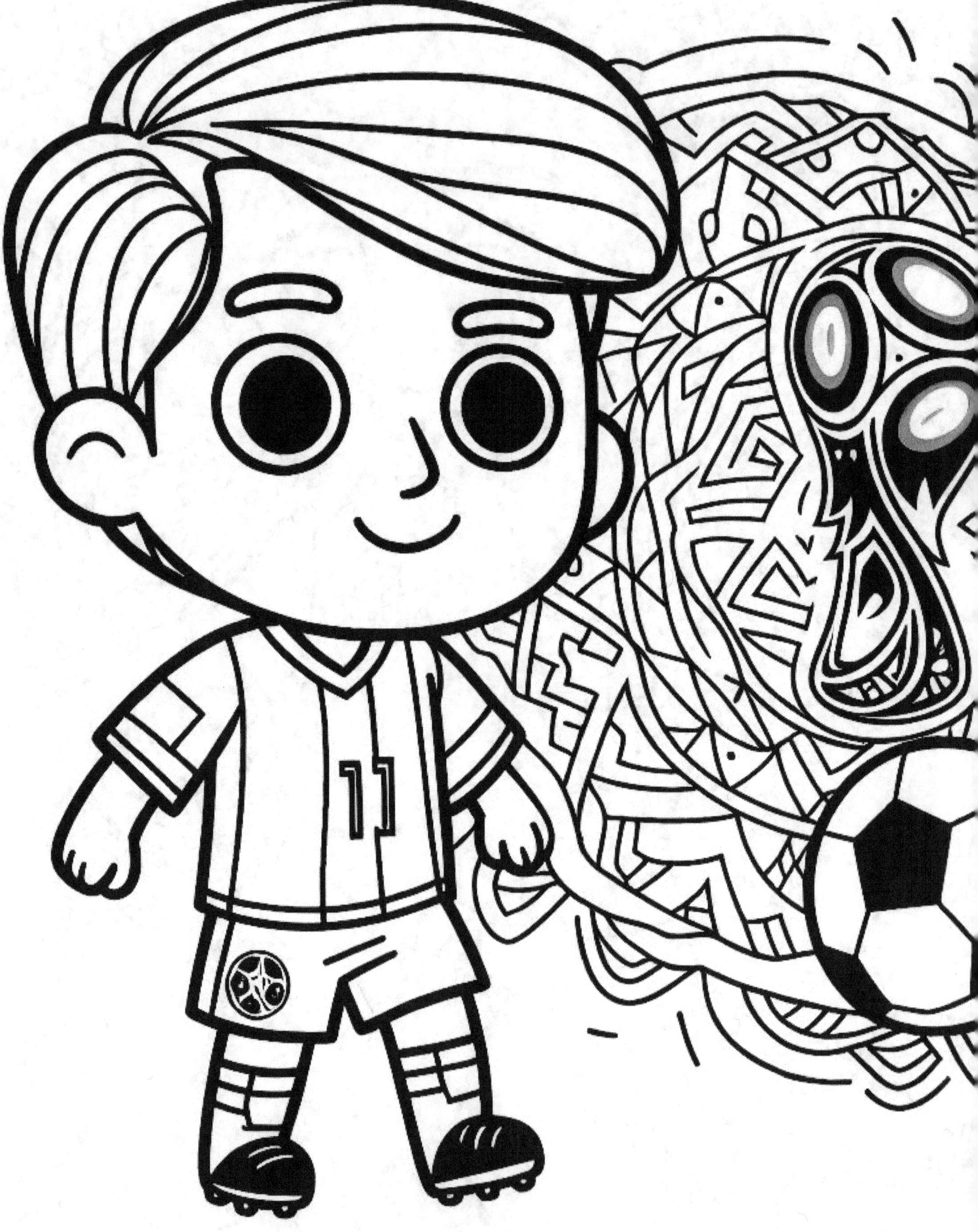

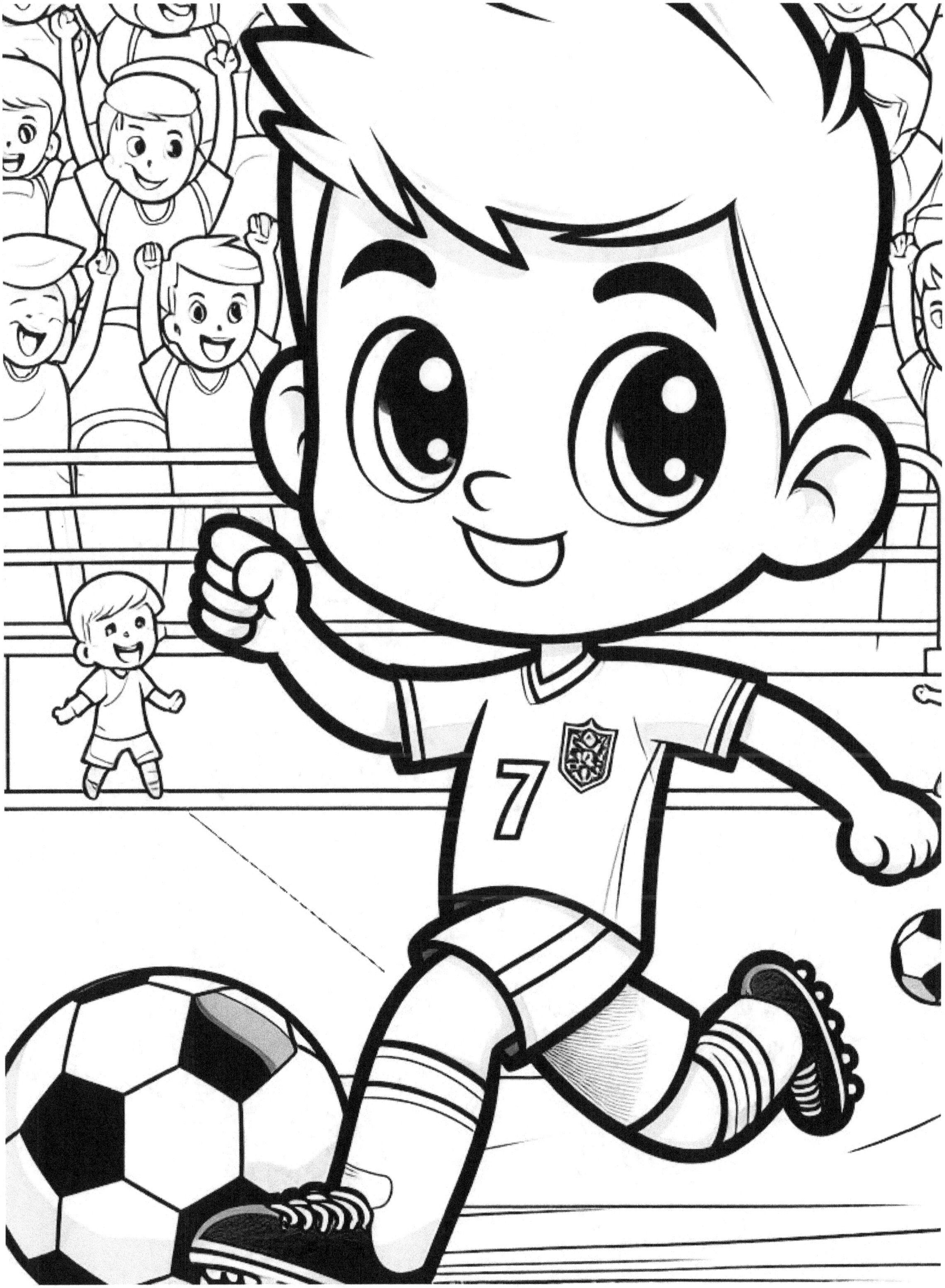
7

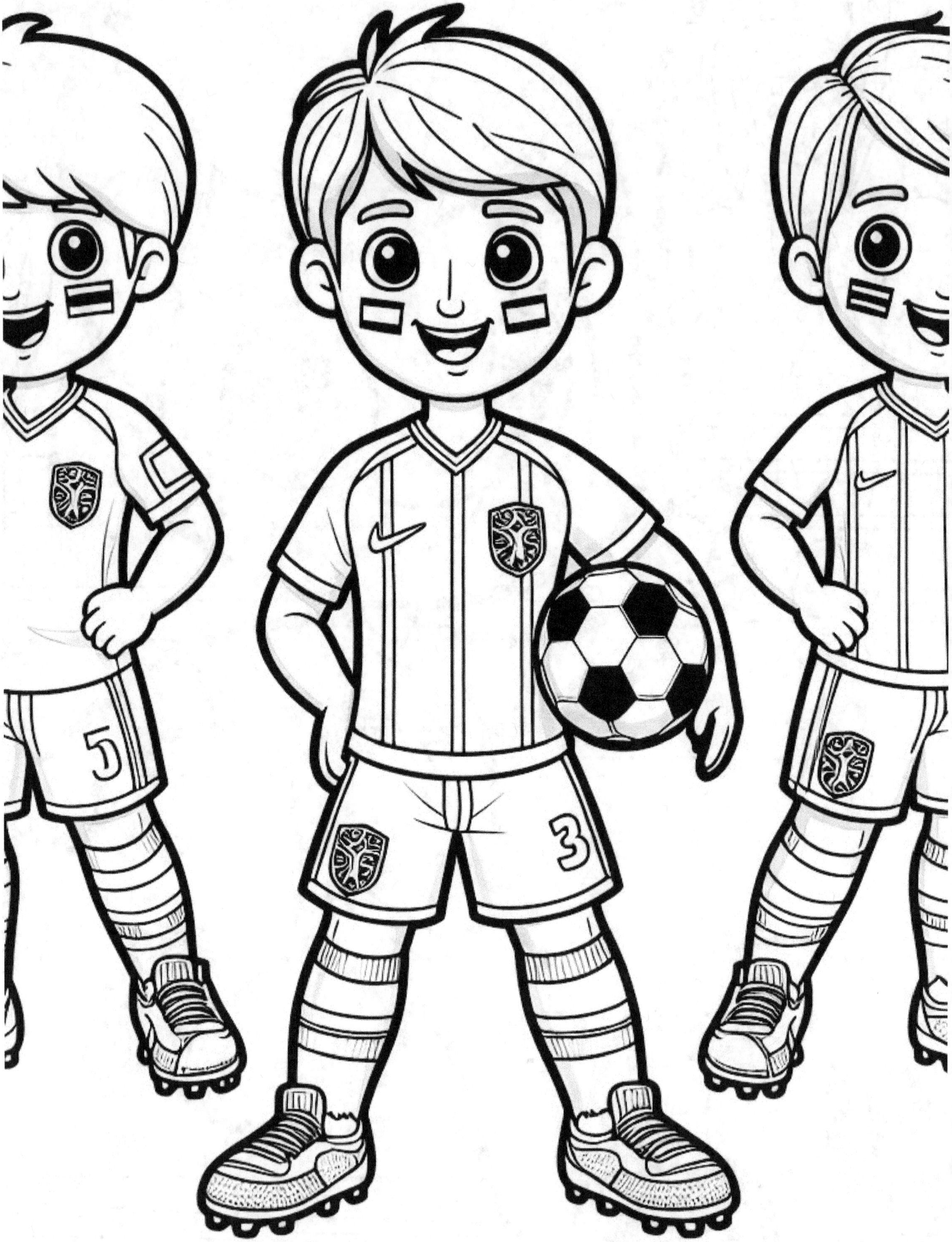

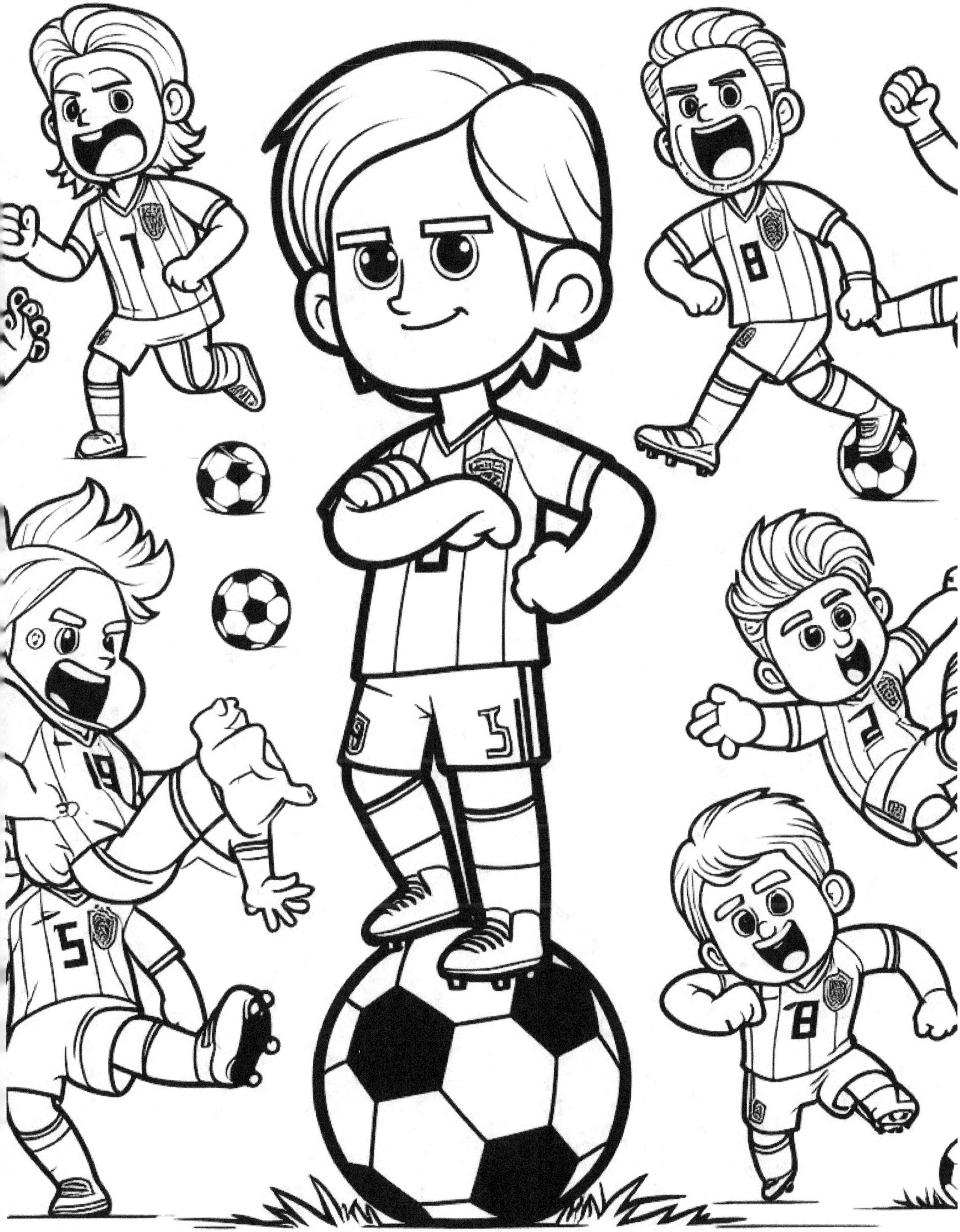

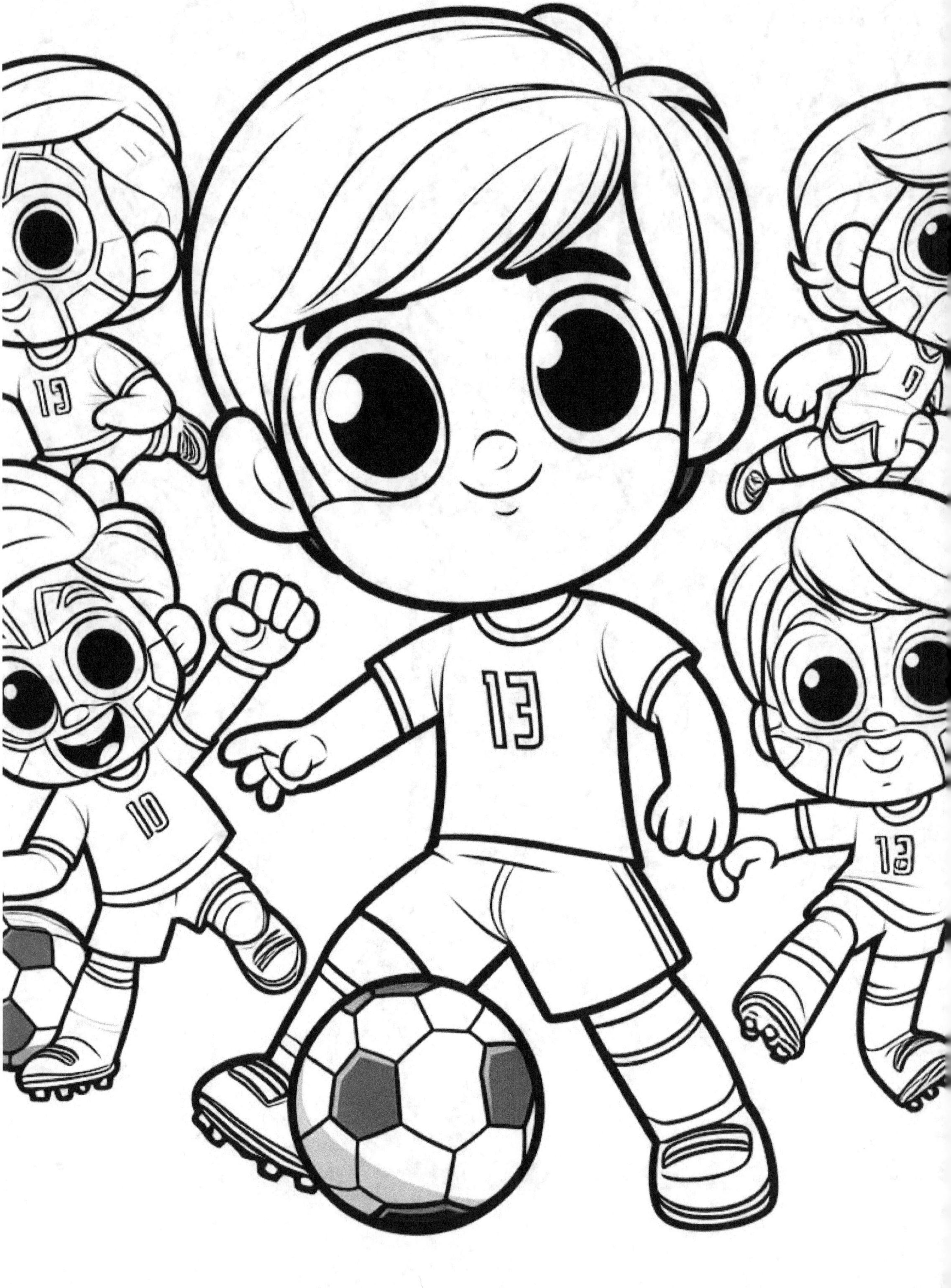
13
13
10
13

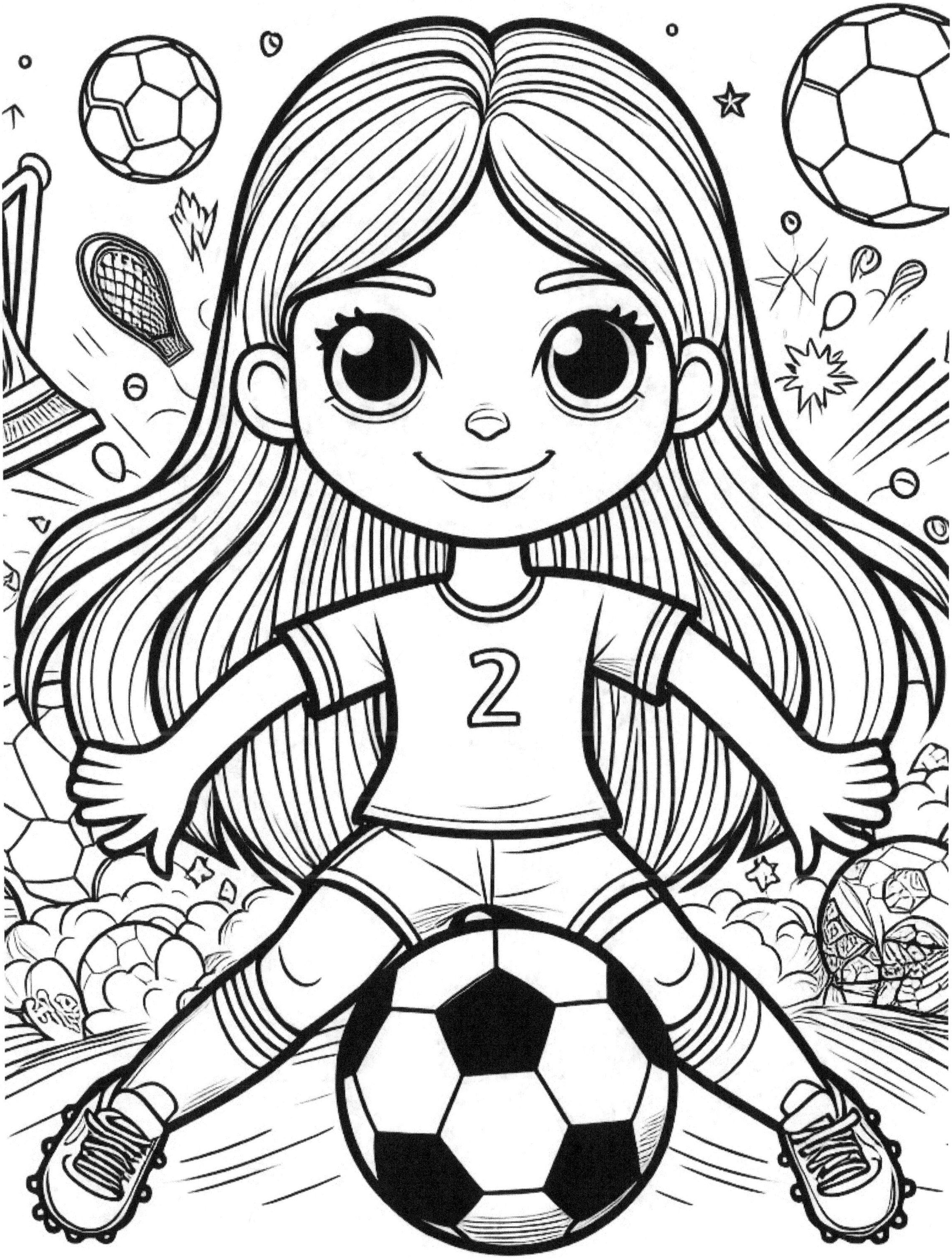
2

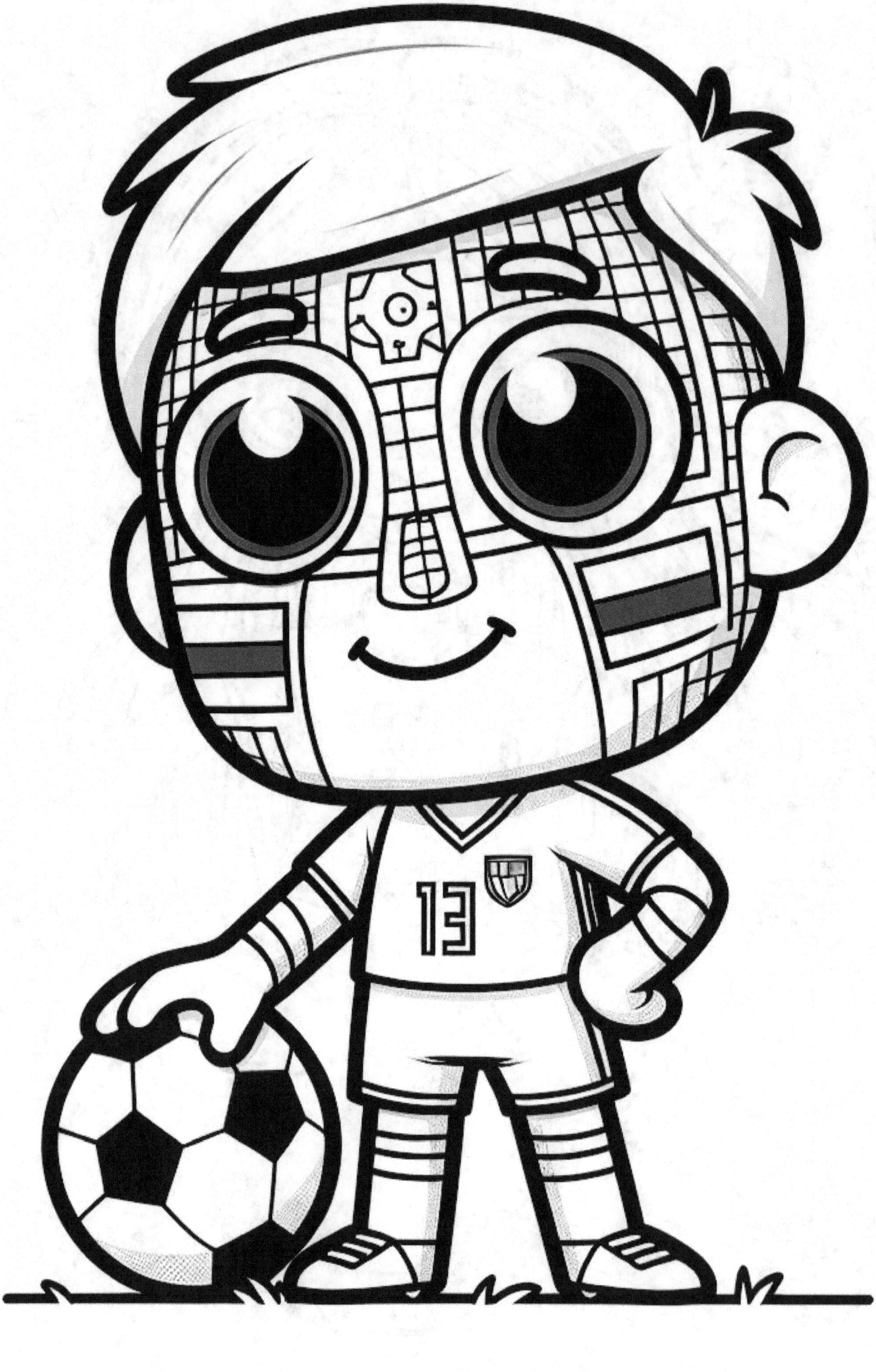
13

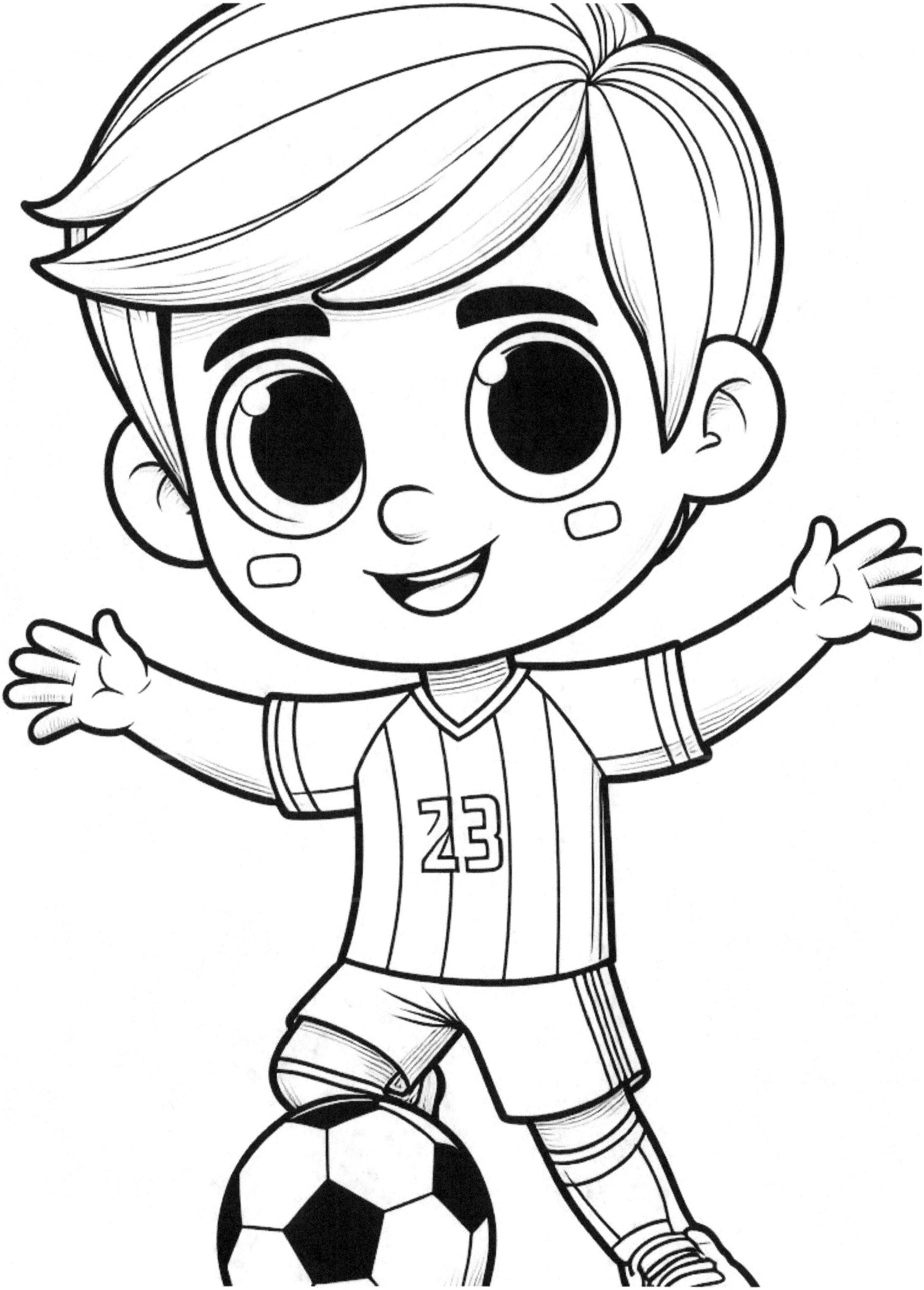
23

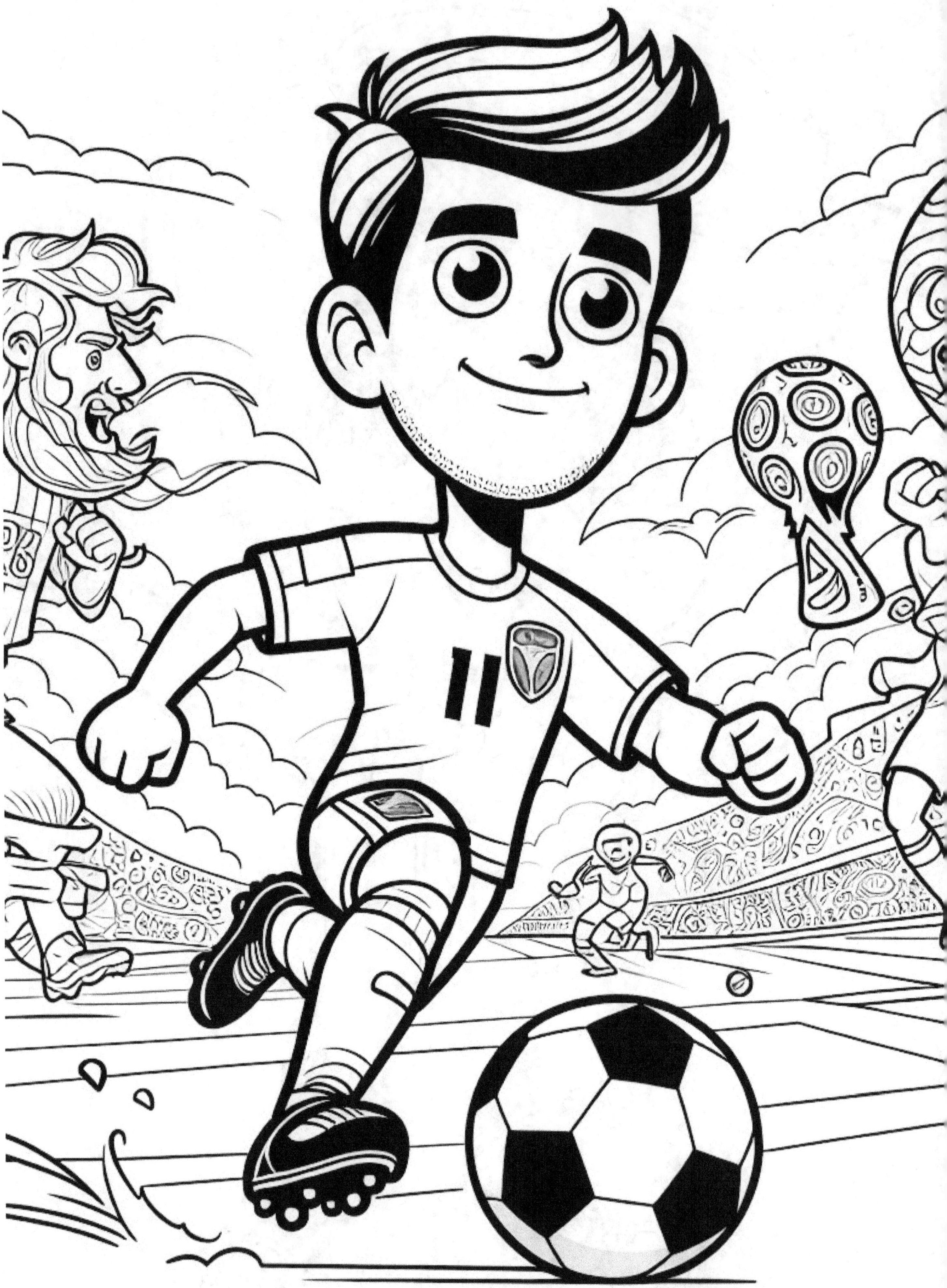
11

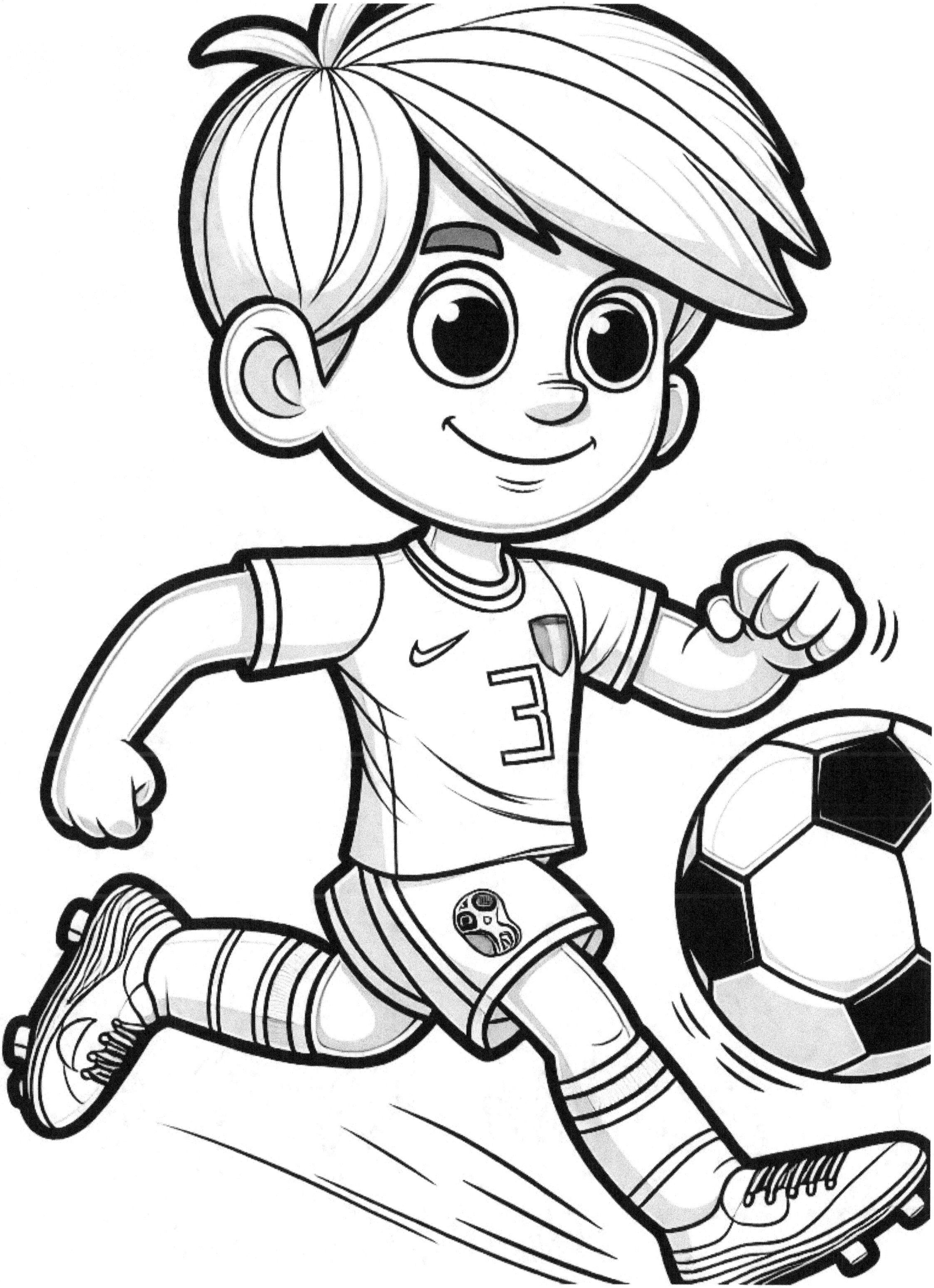

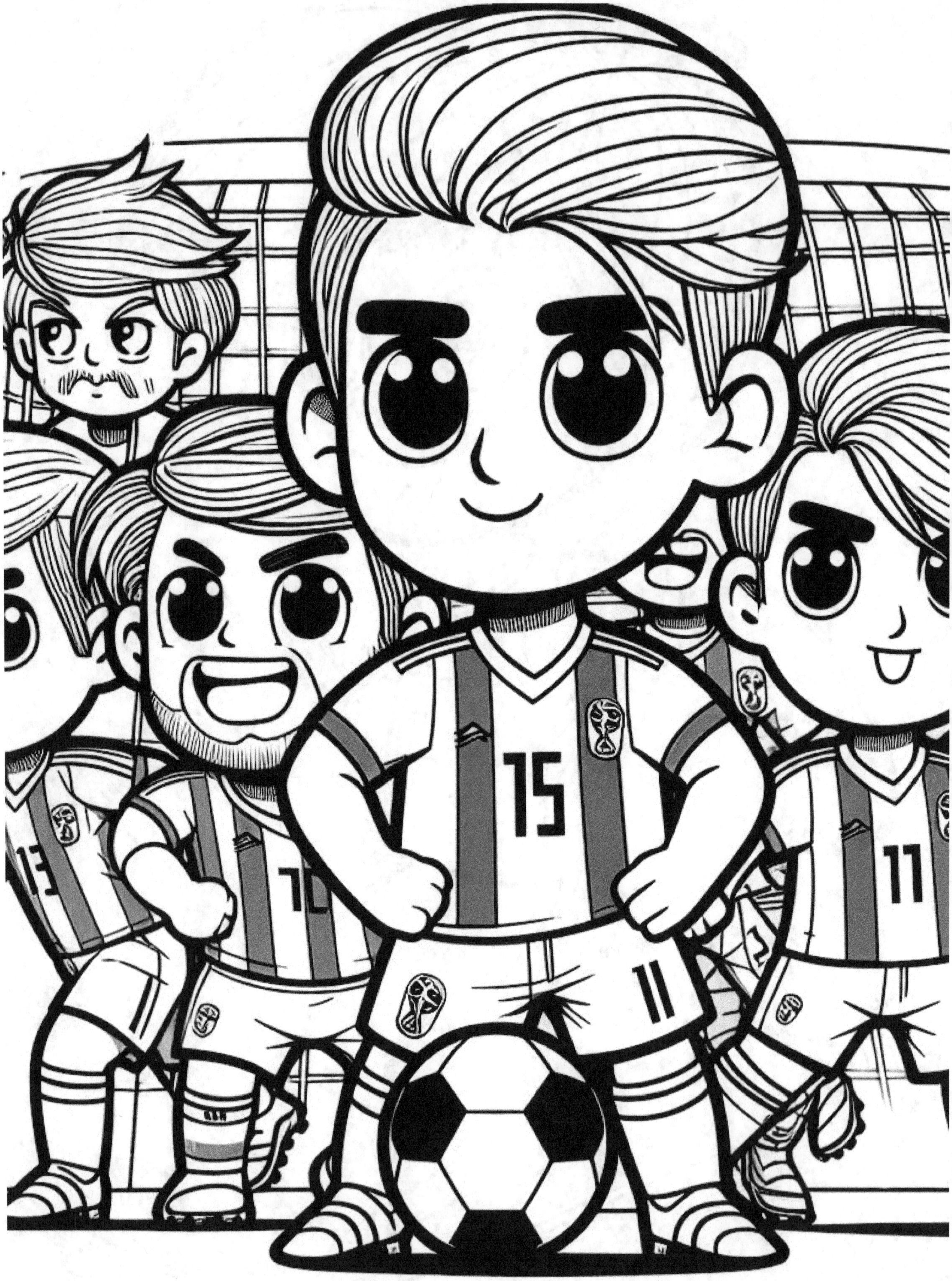
15
11
11

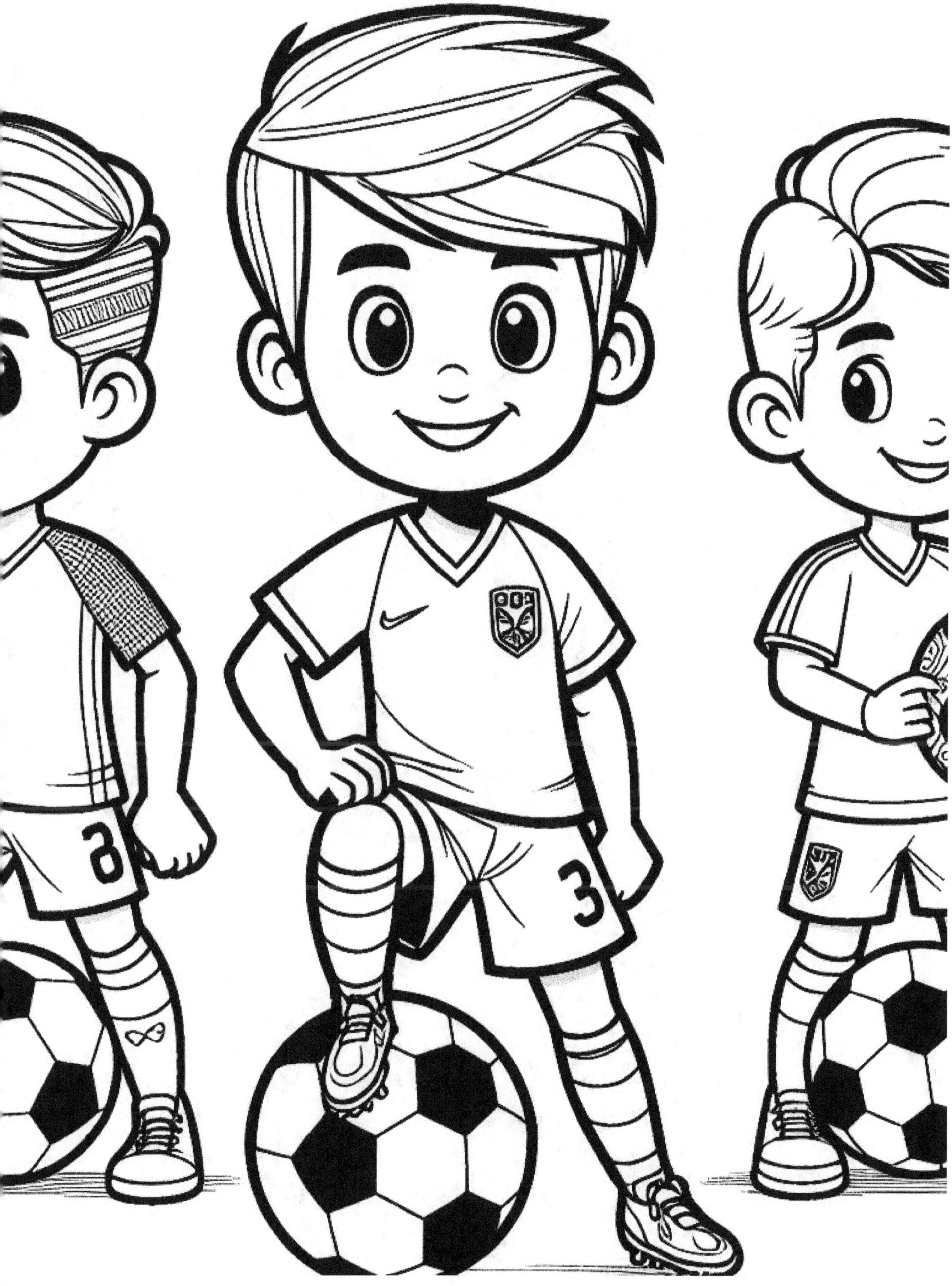

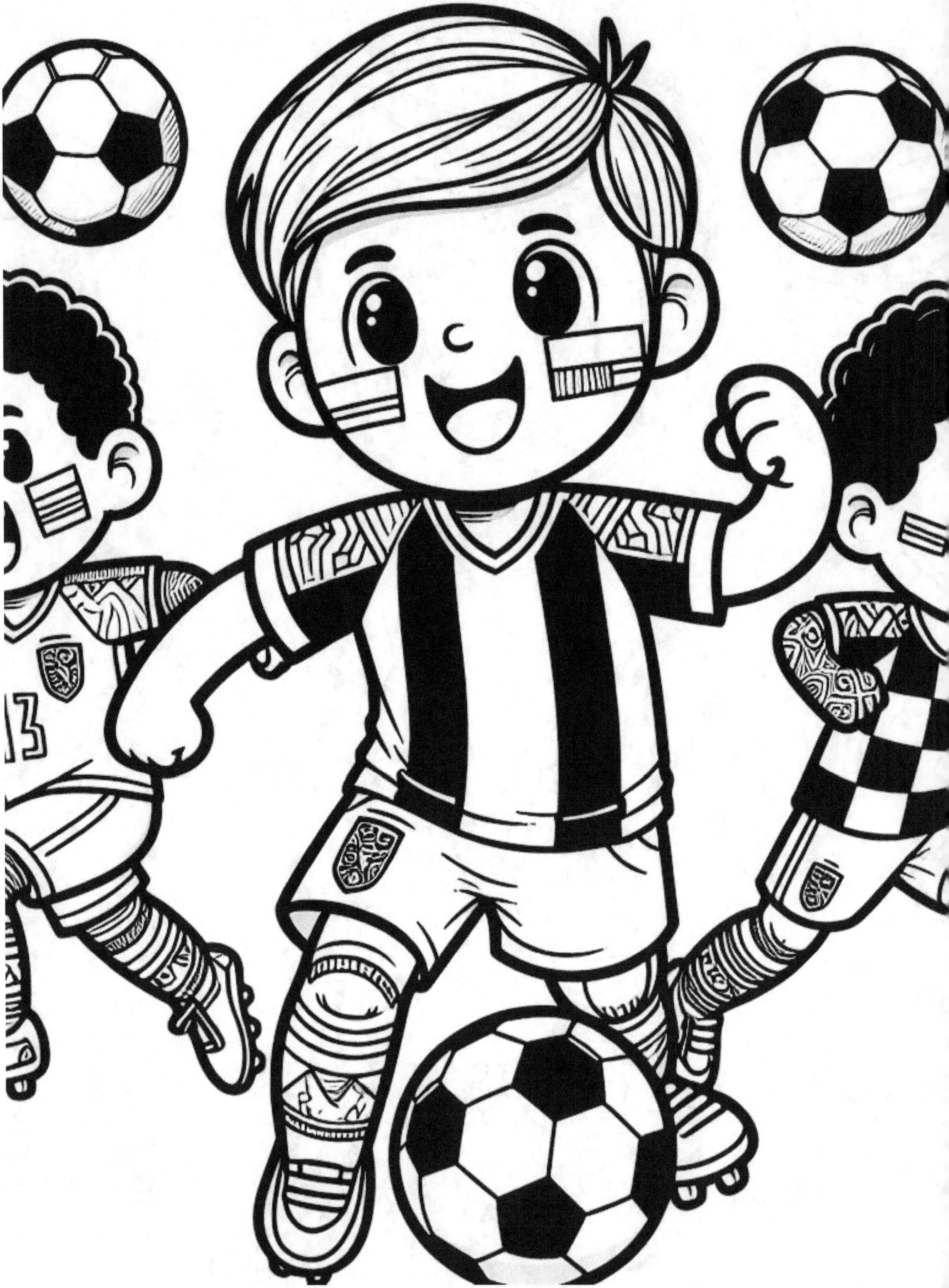
13

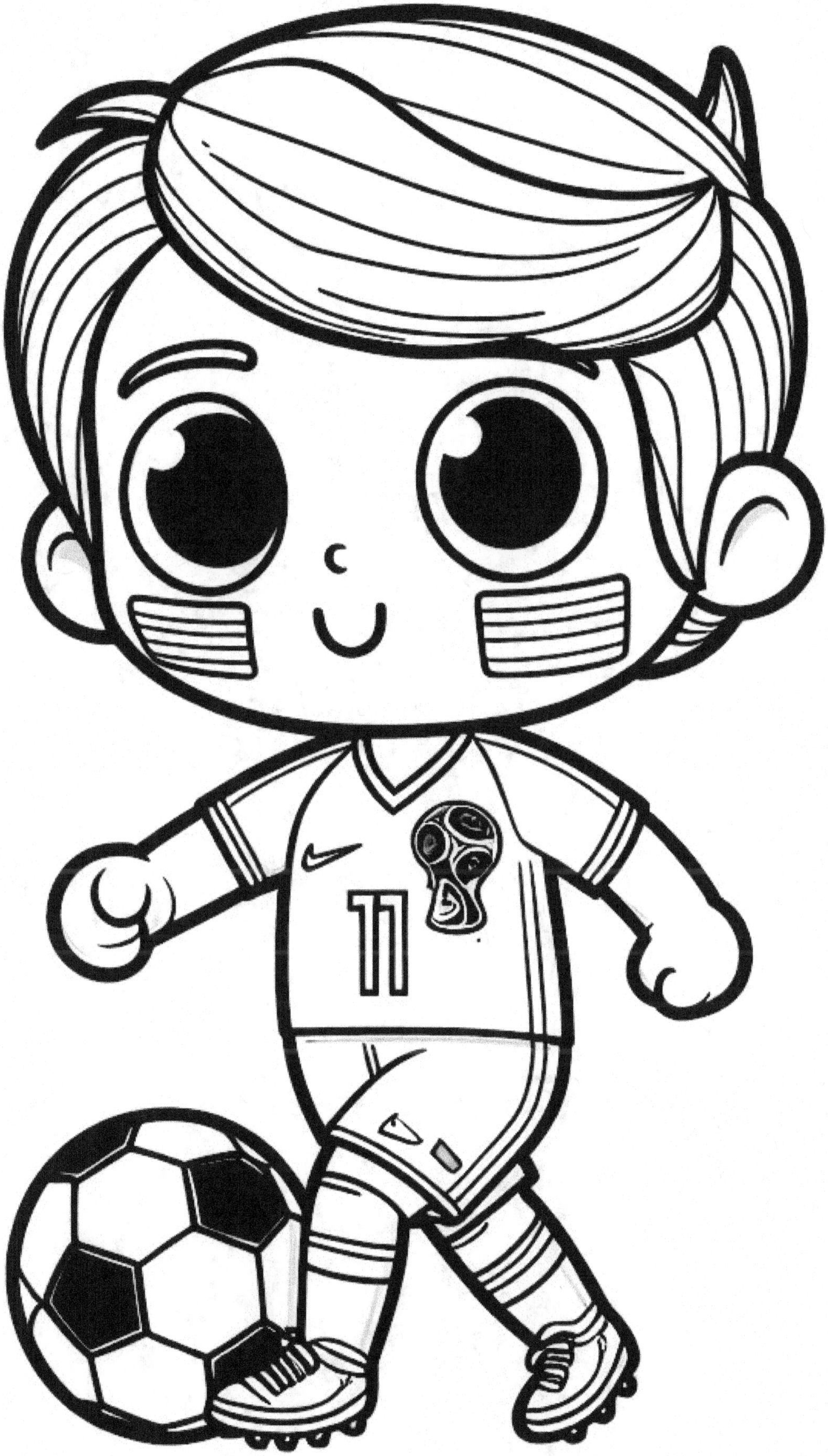
11

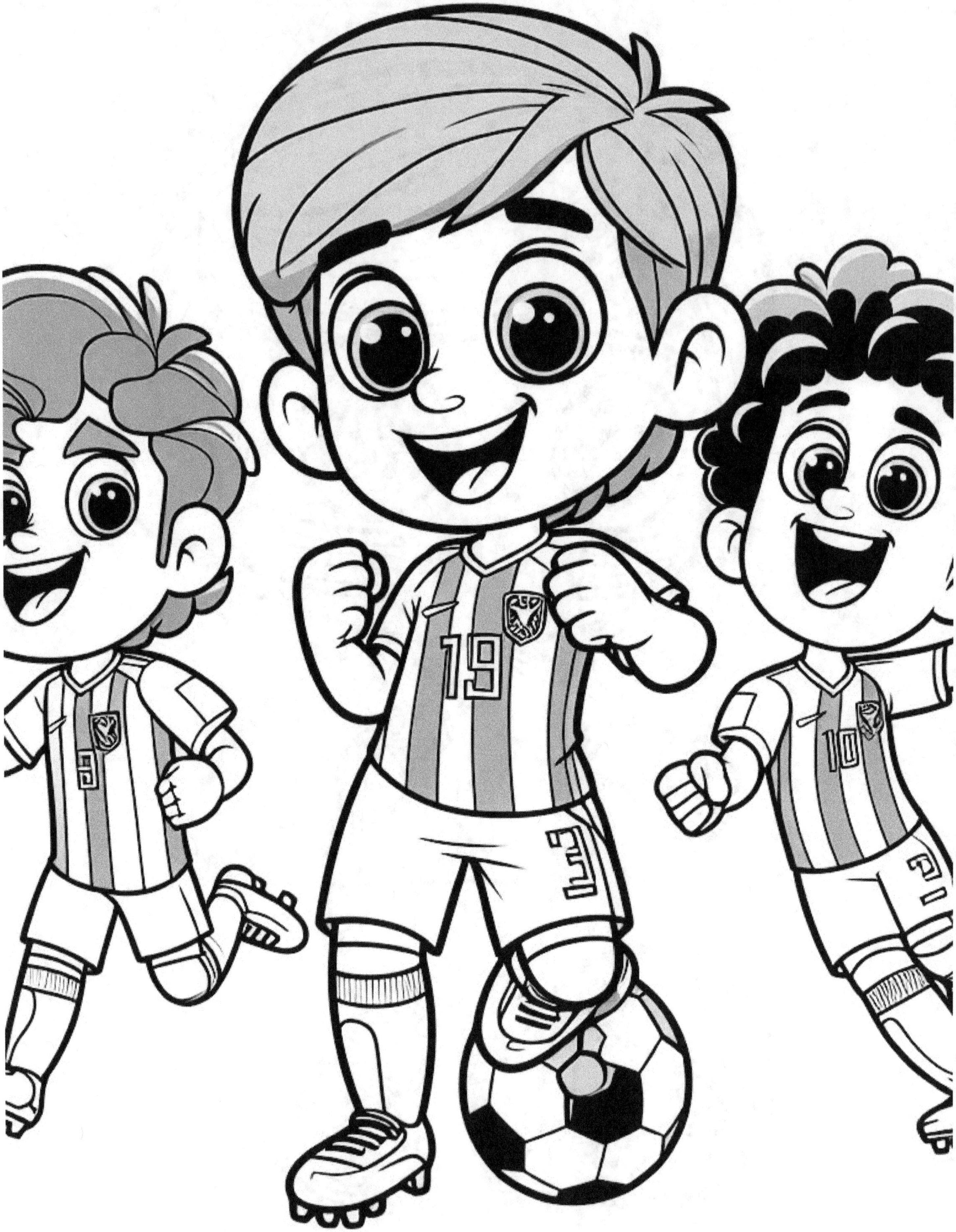
19
10

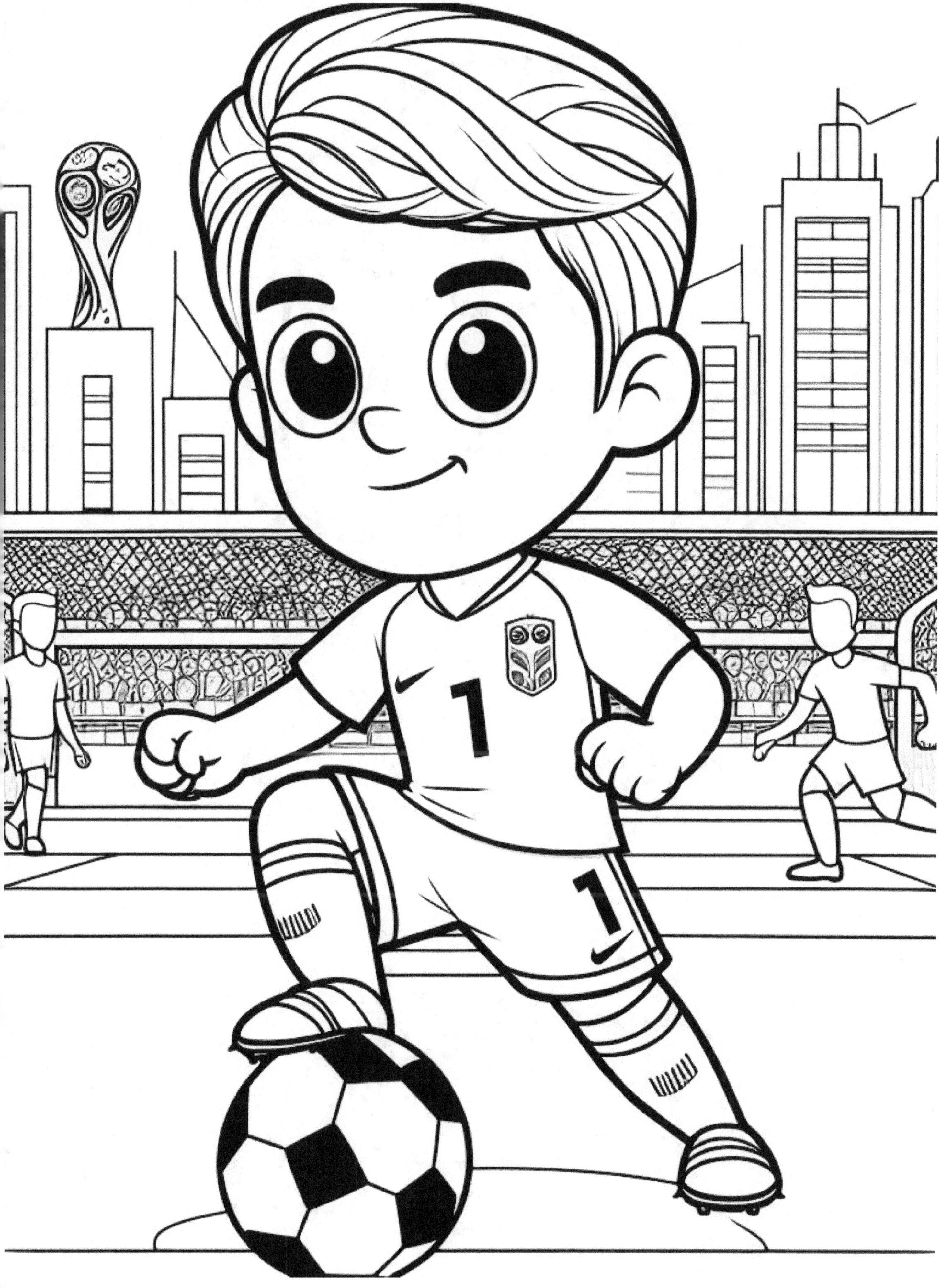

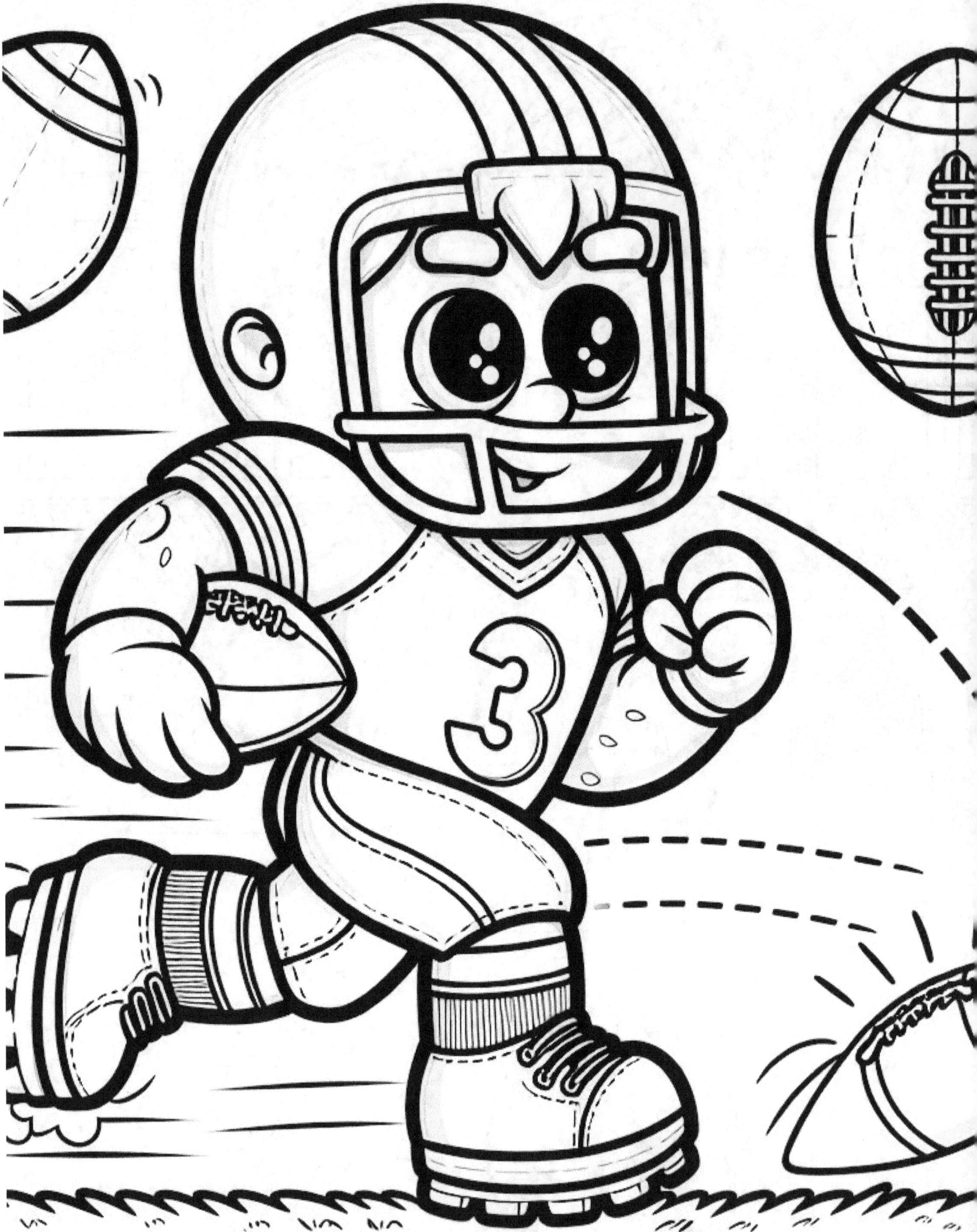
3

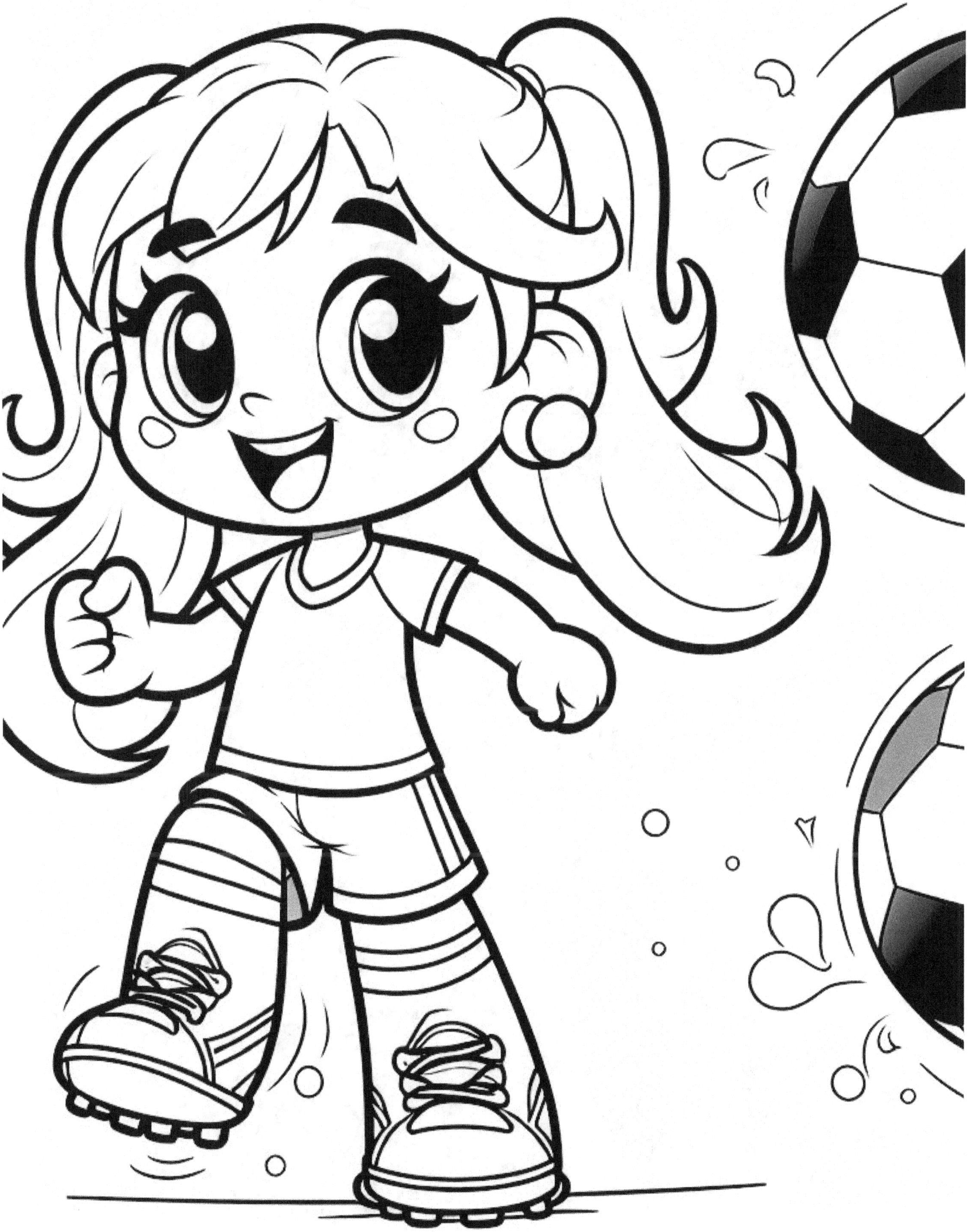

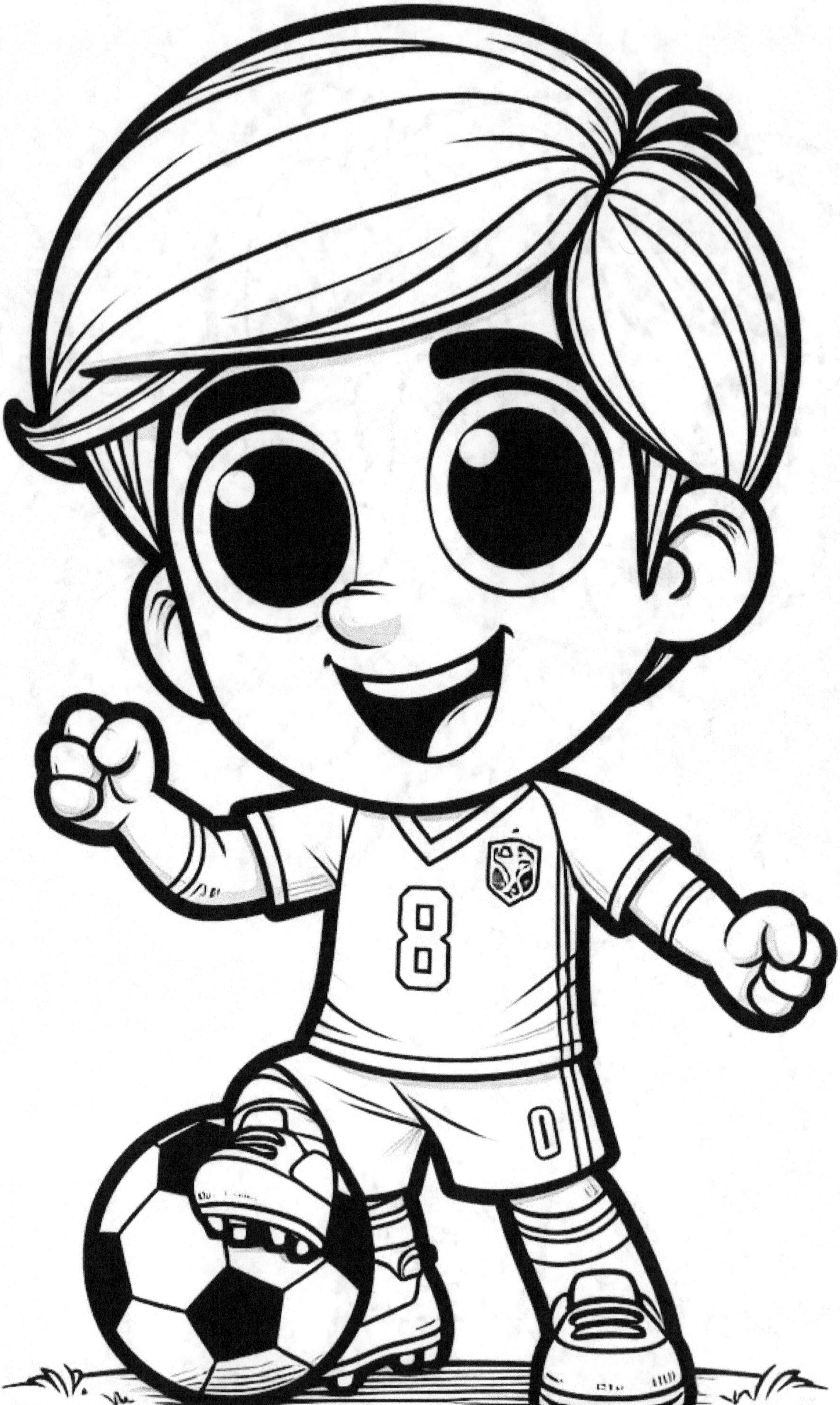
8
0

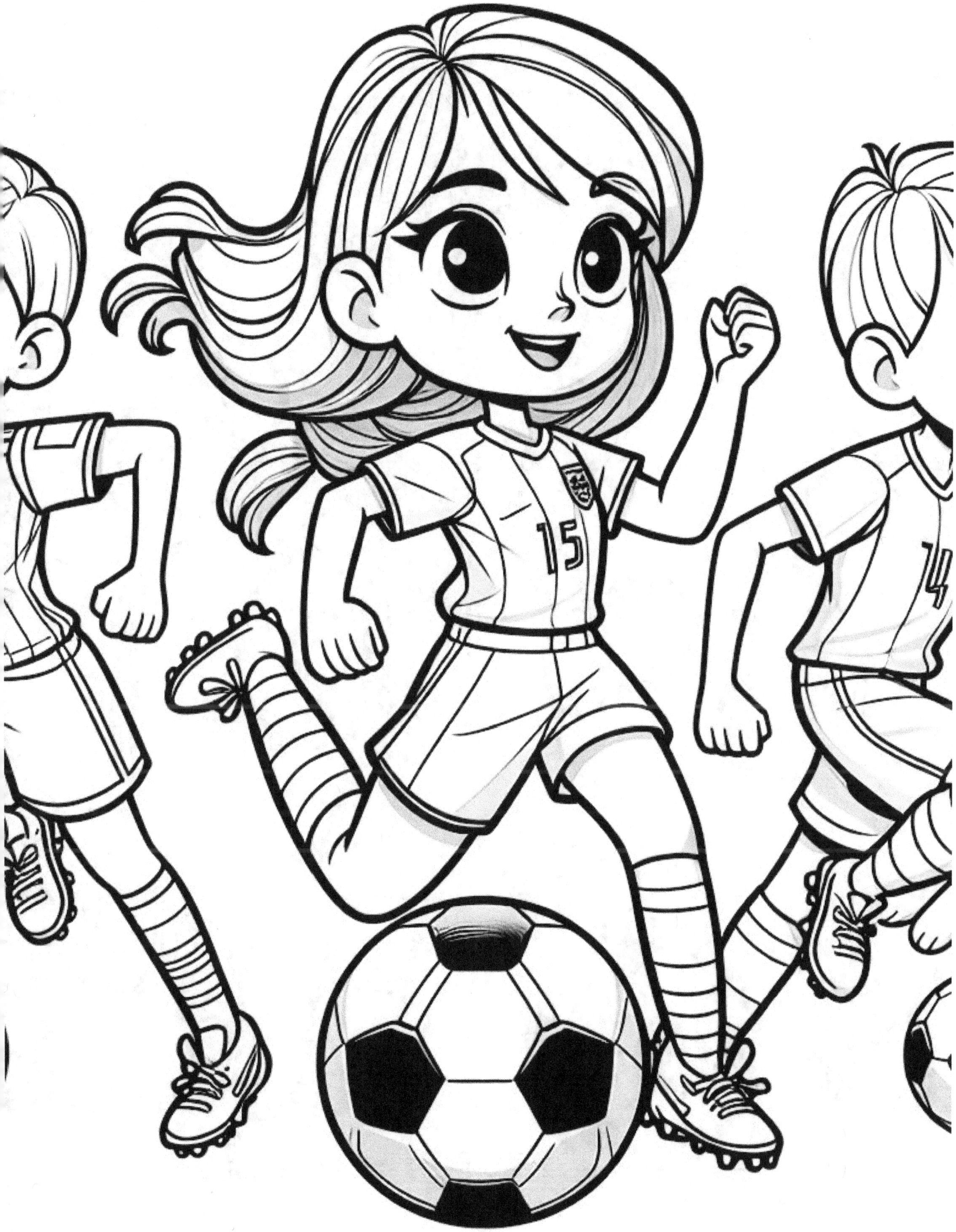
15

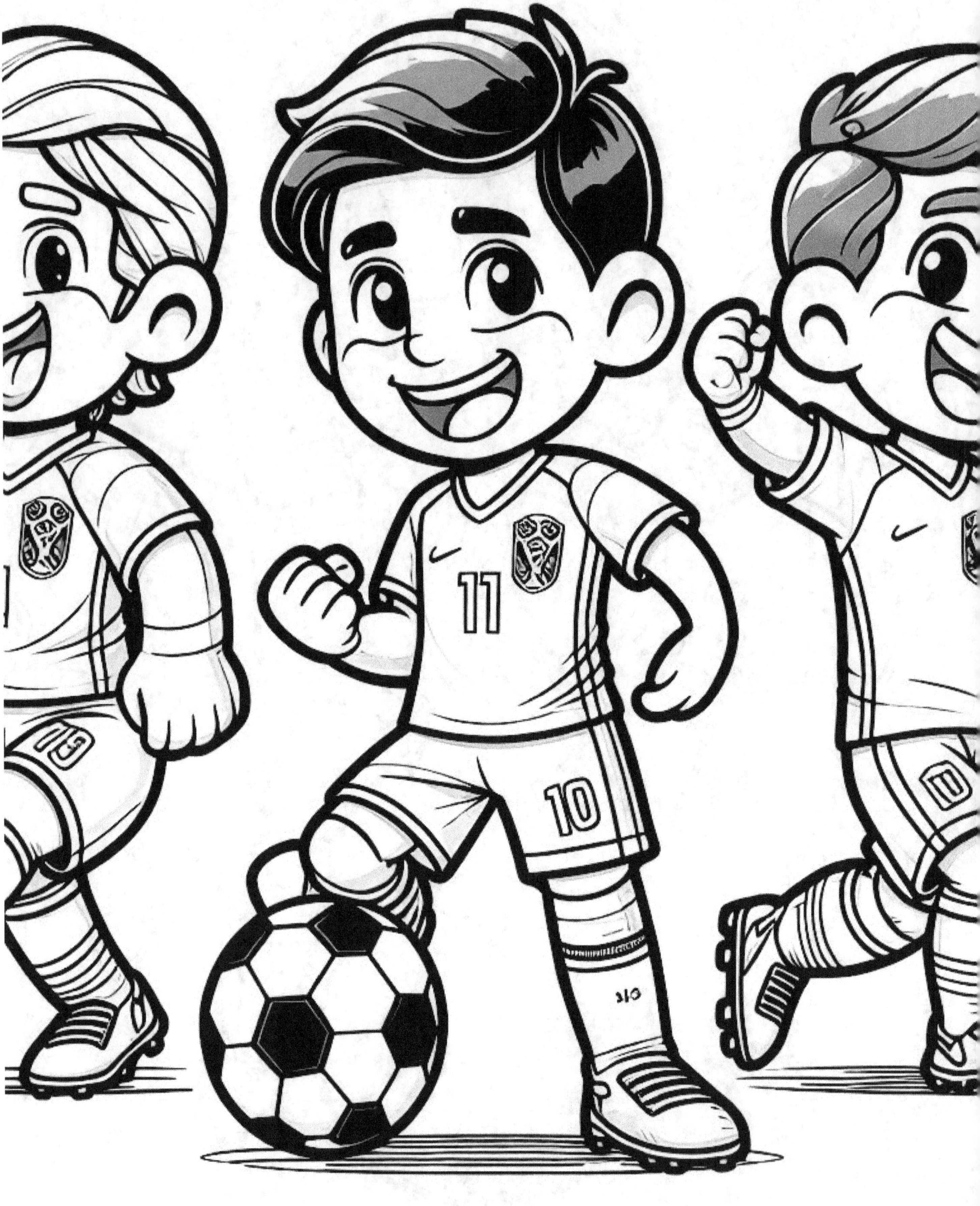
11
10

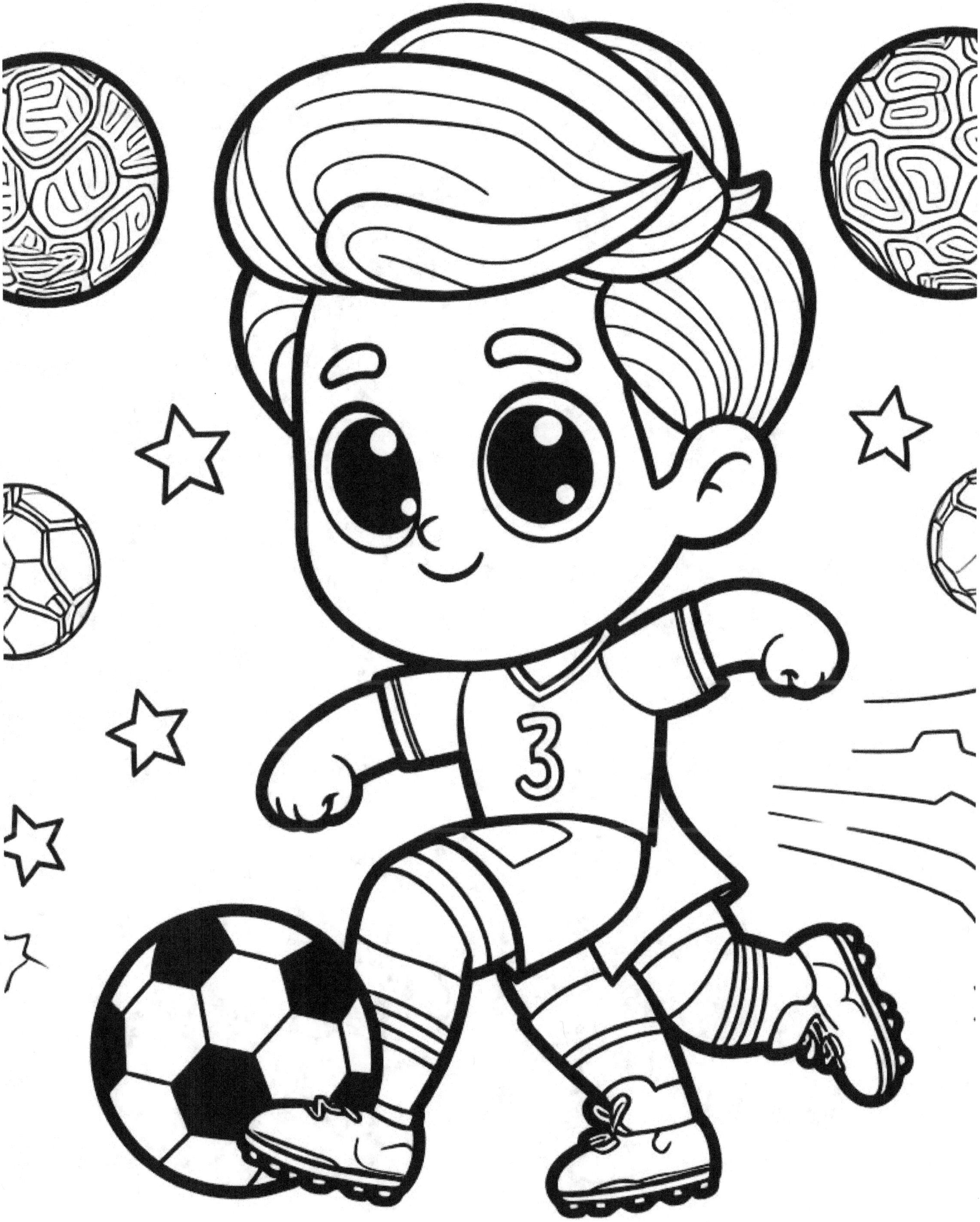
3

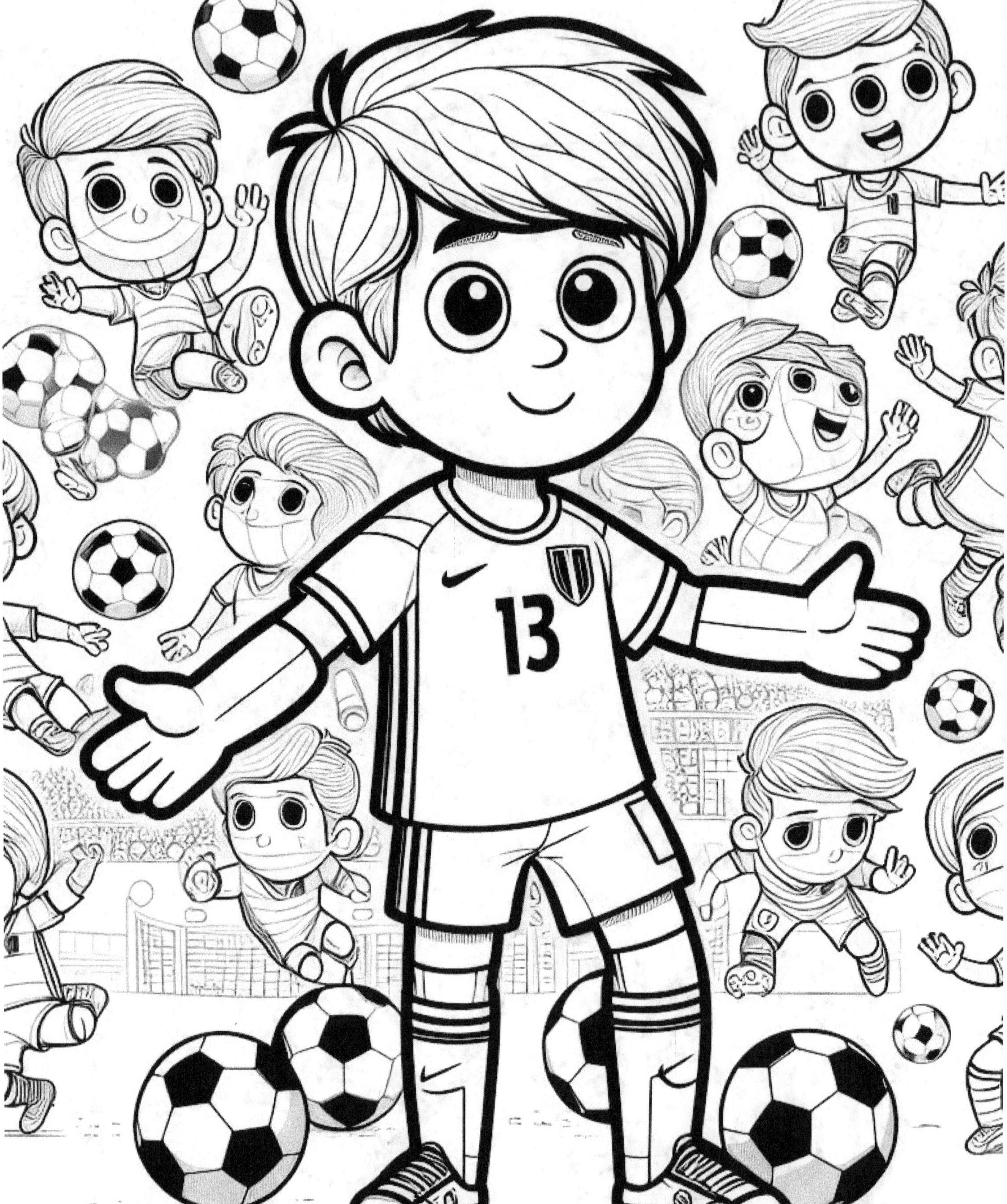
13

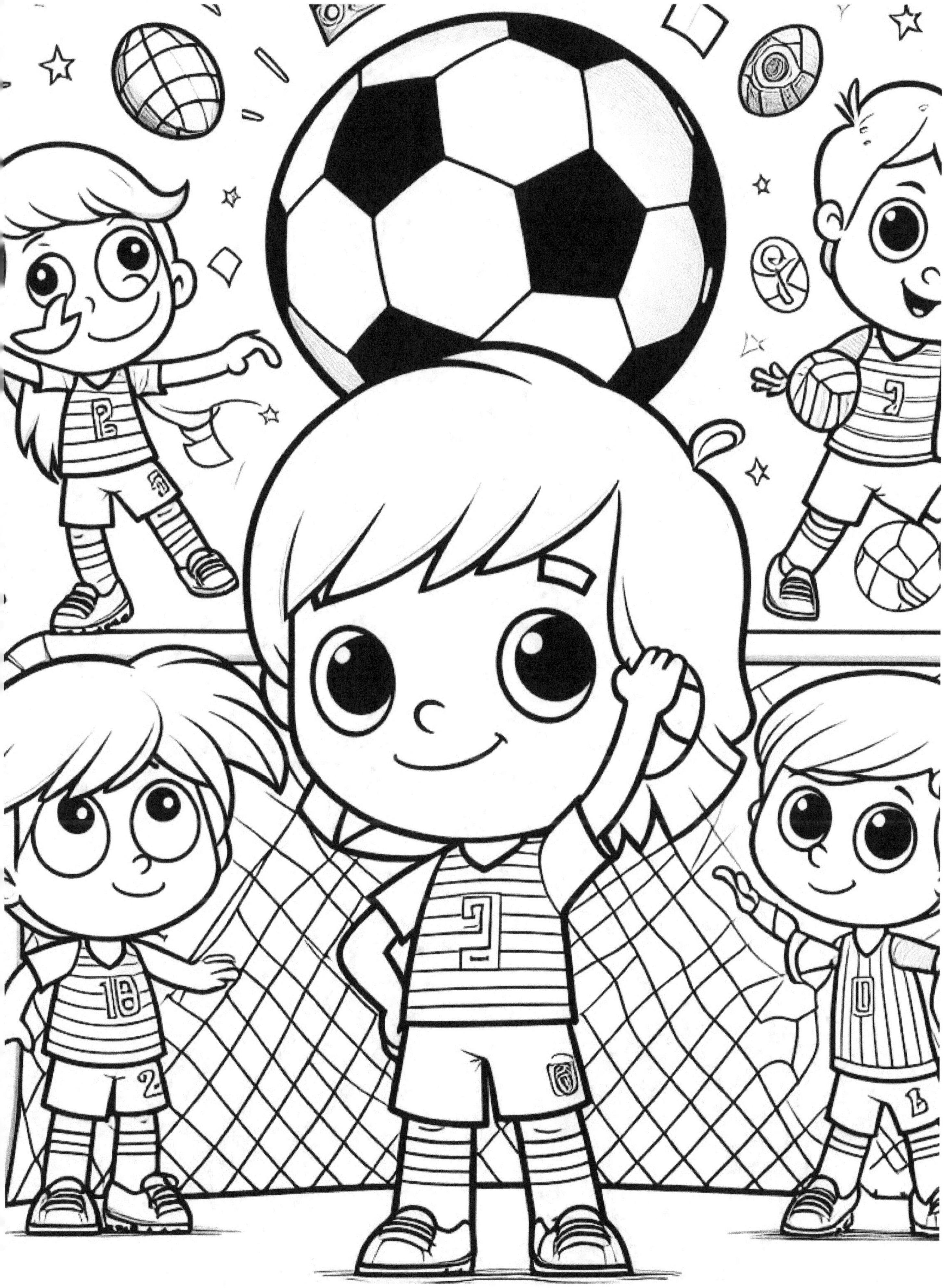

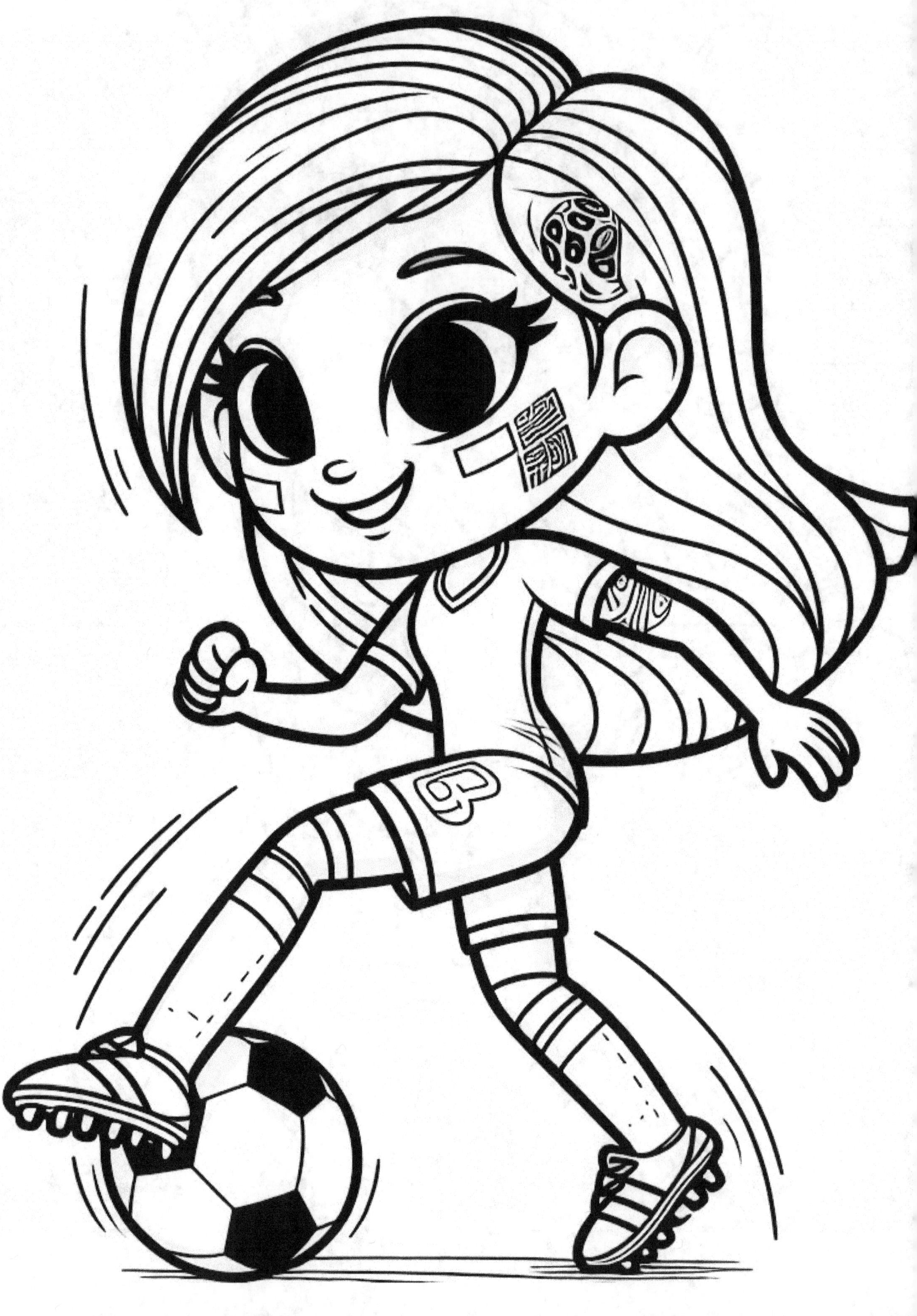

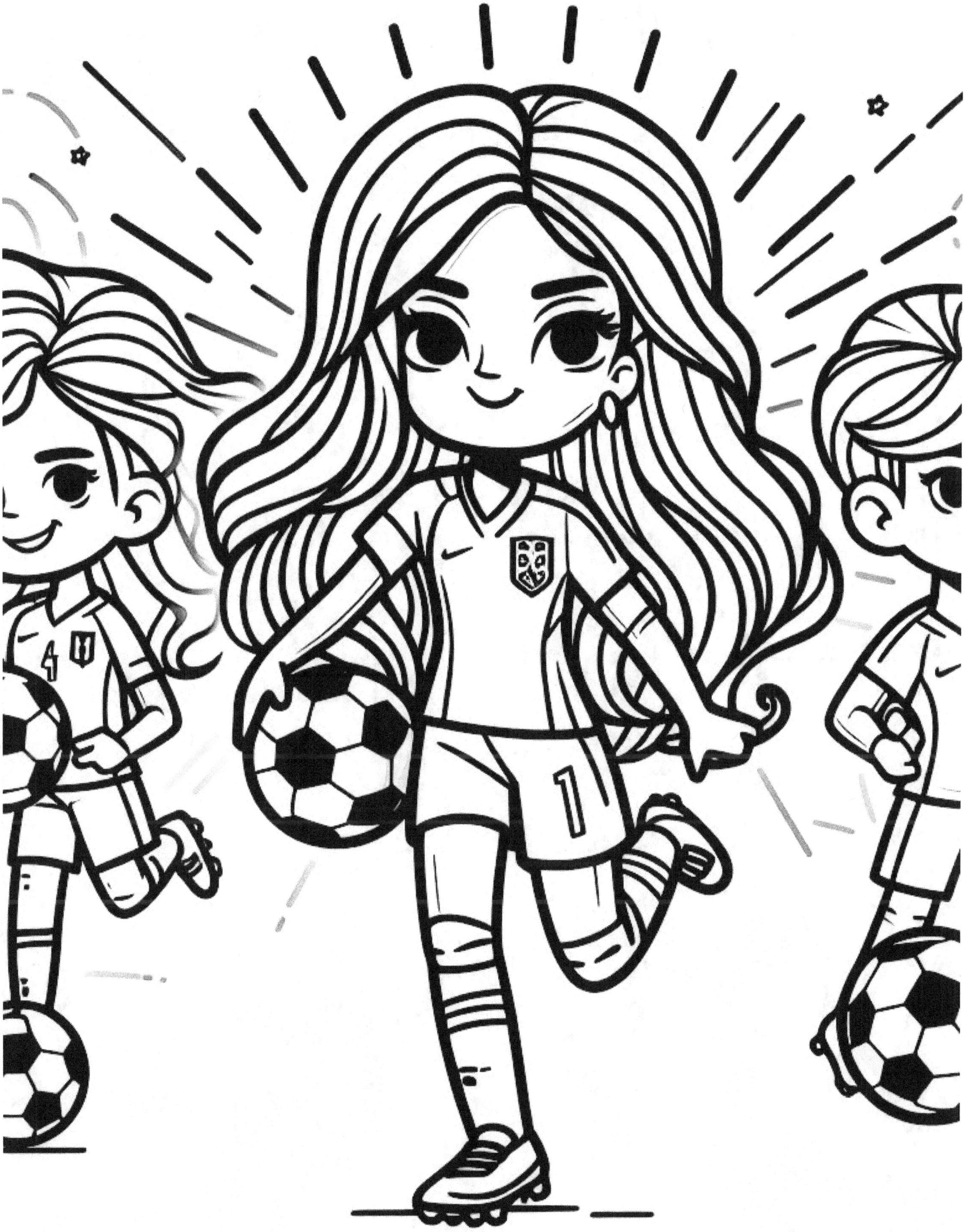

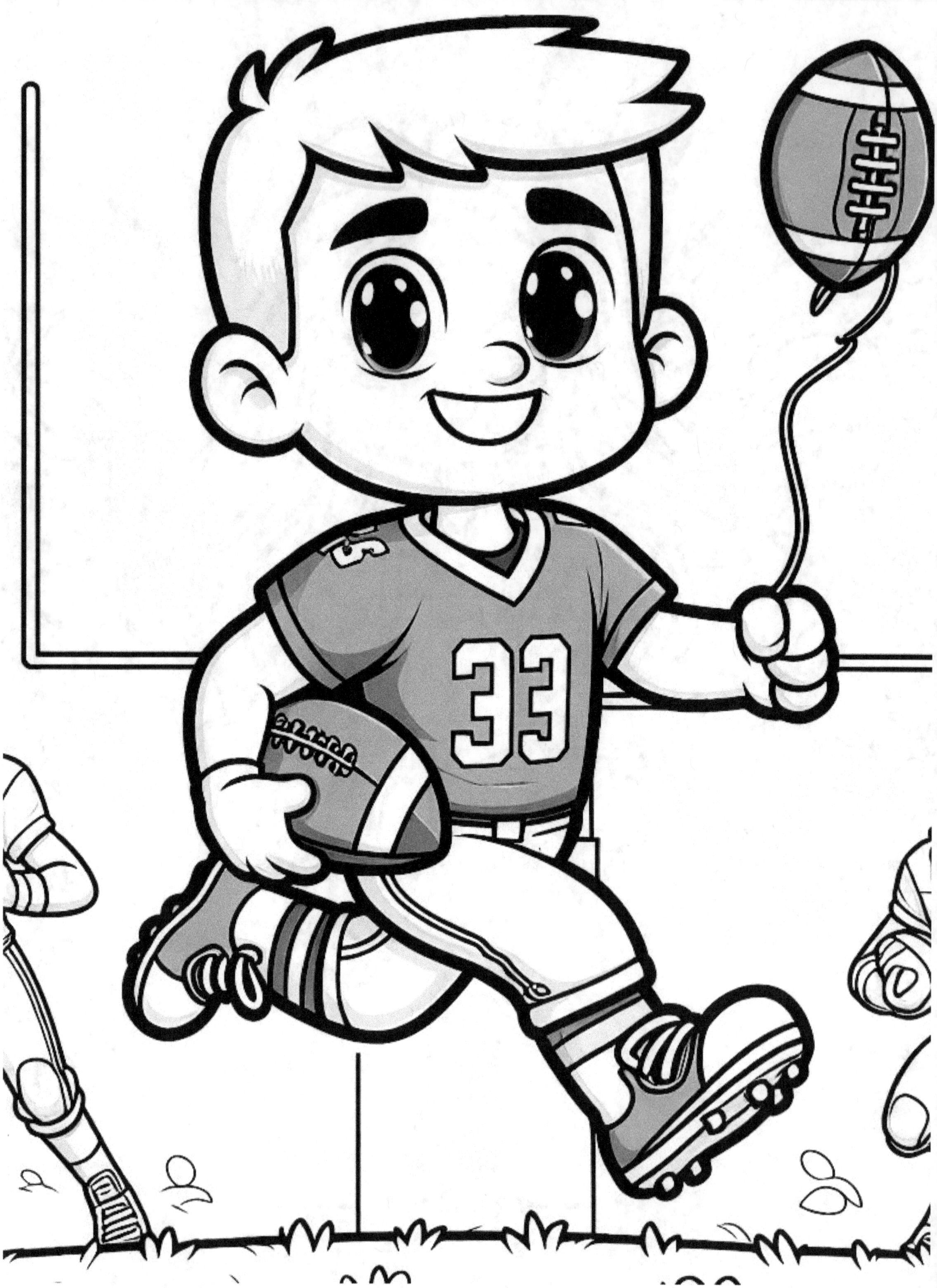
33

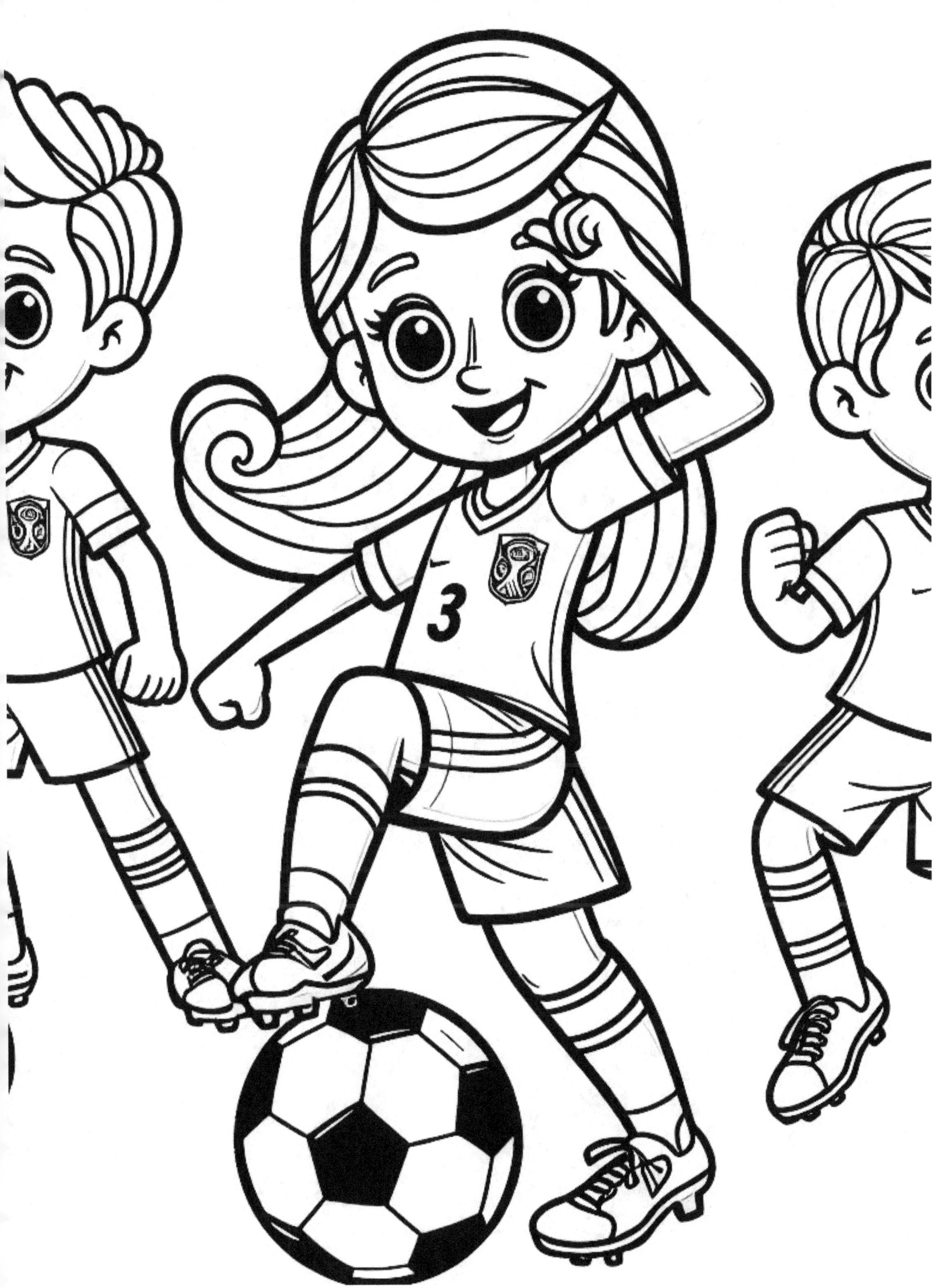
3

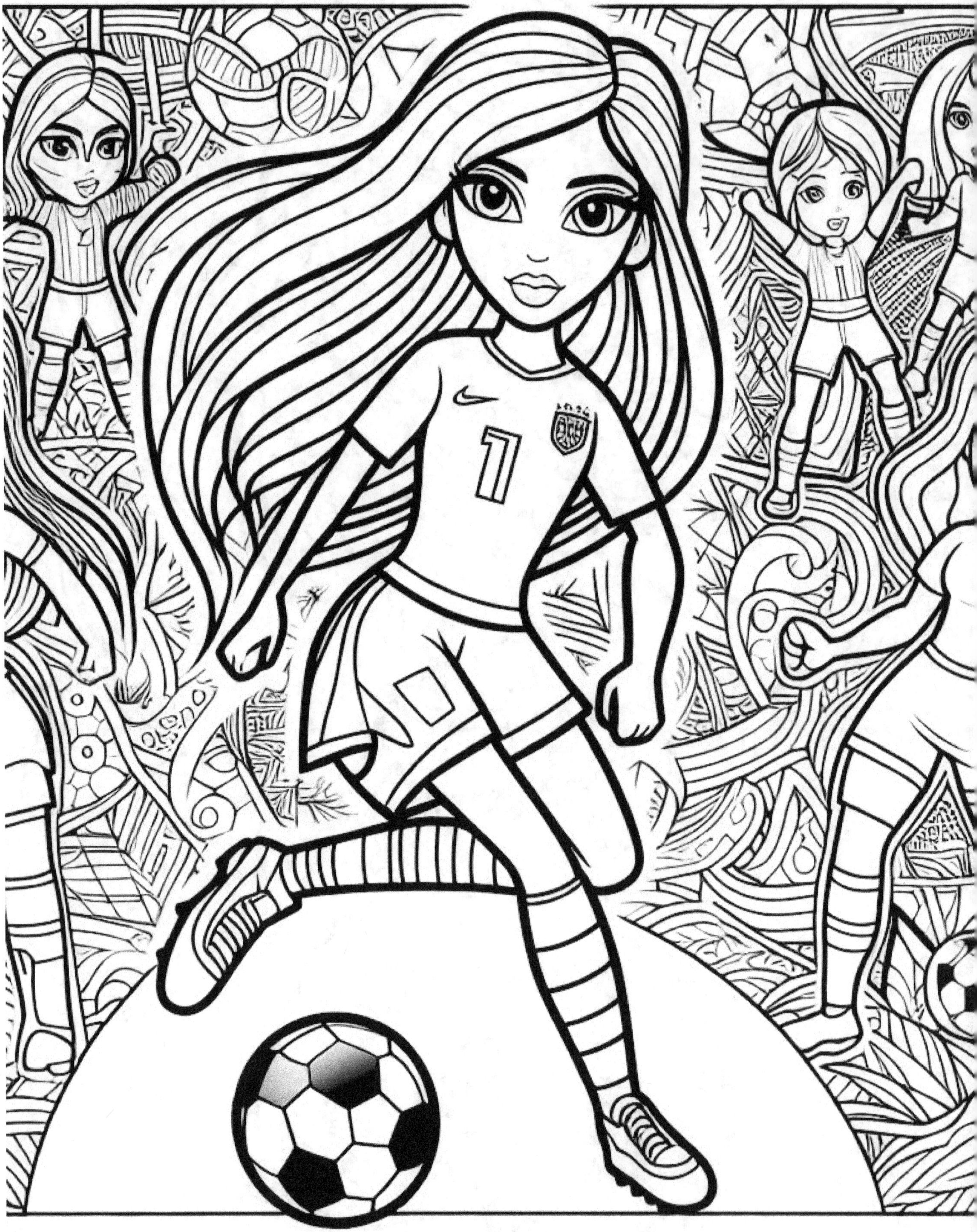

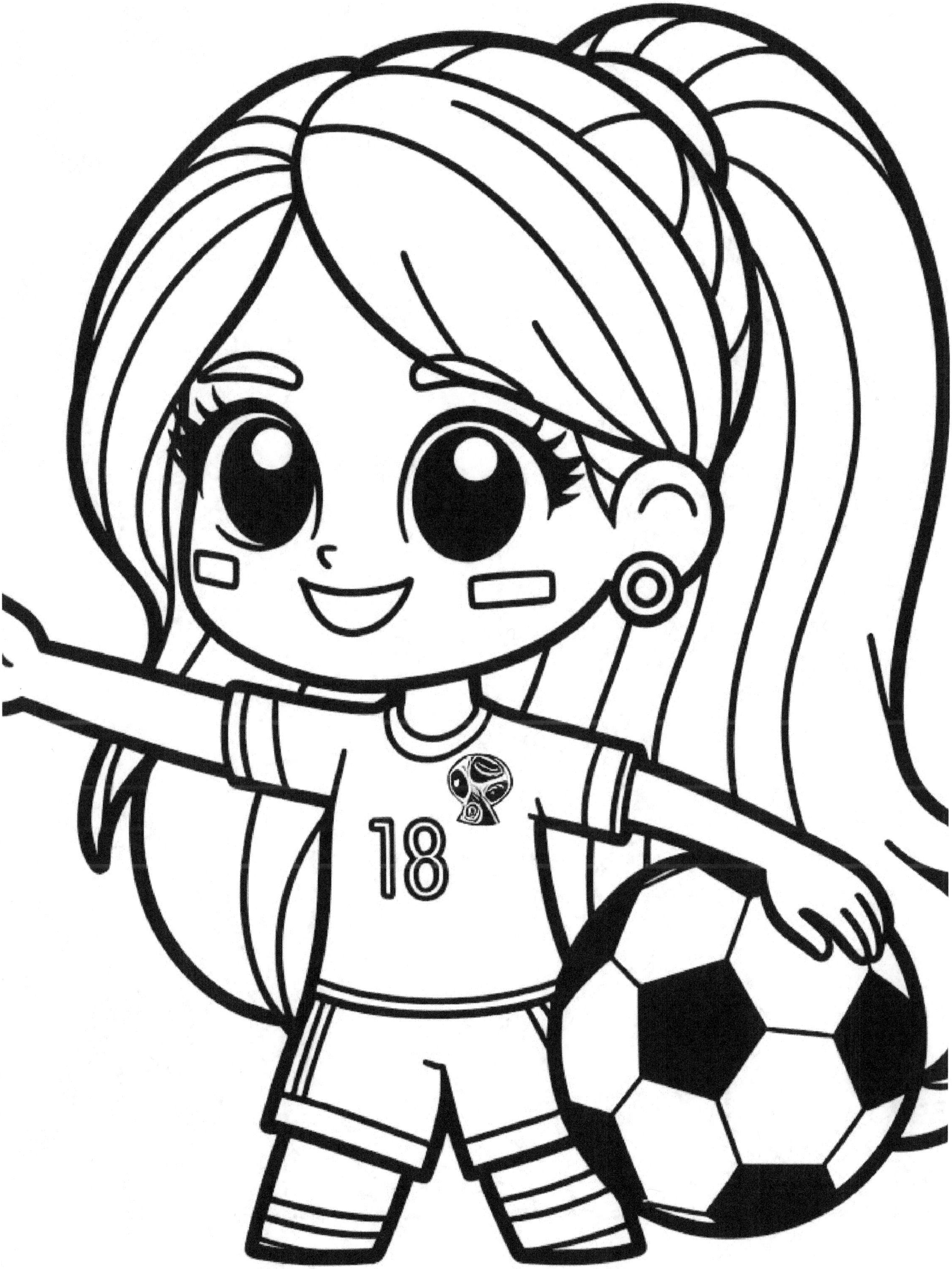
18

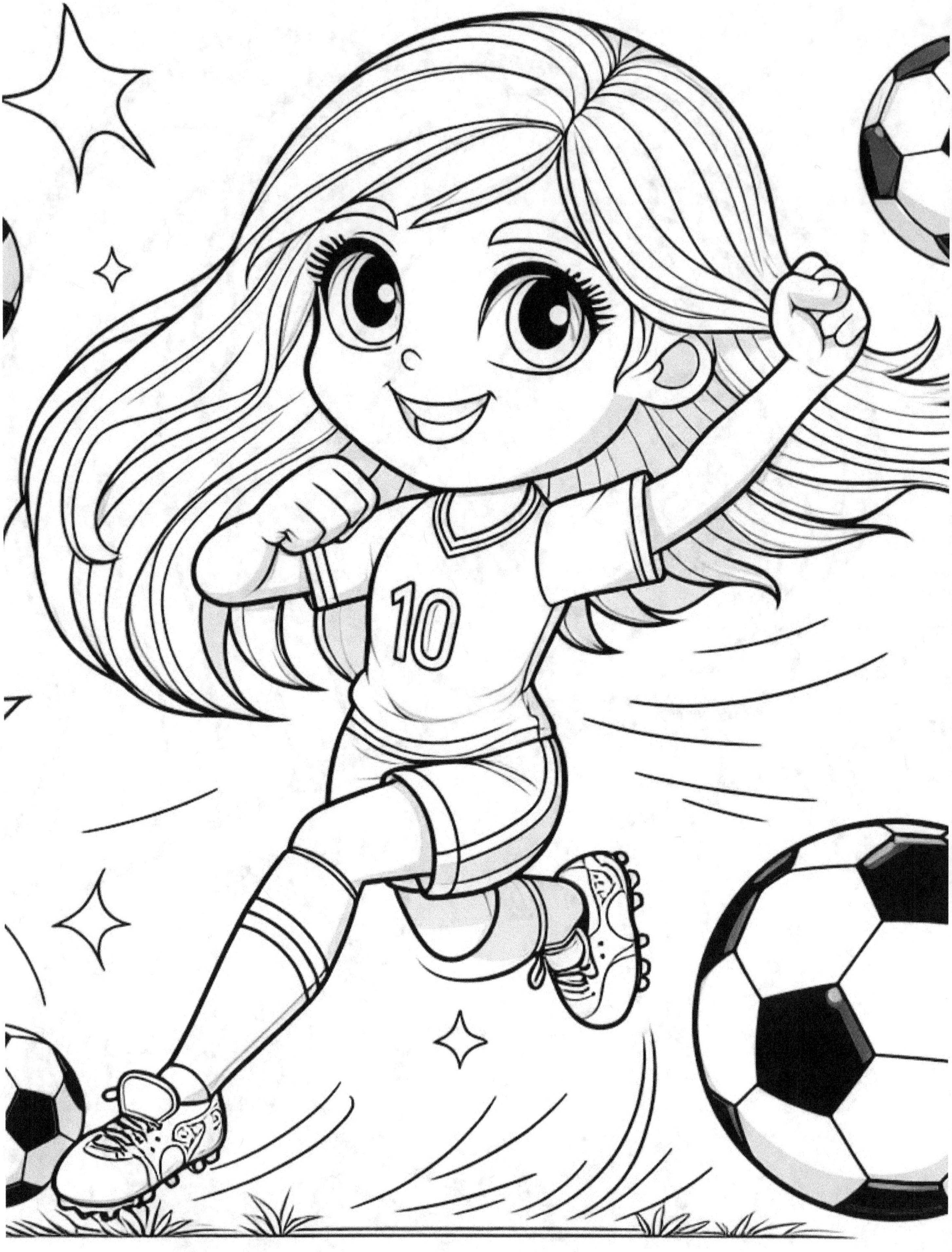
10

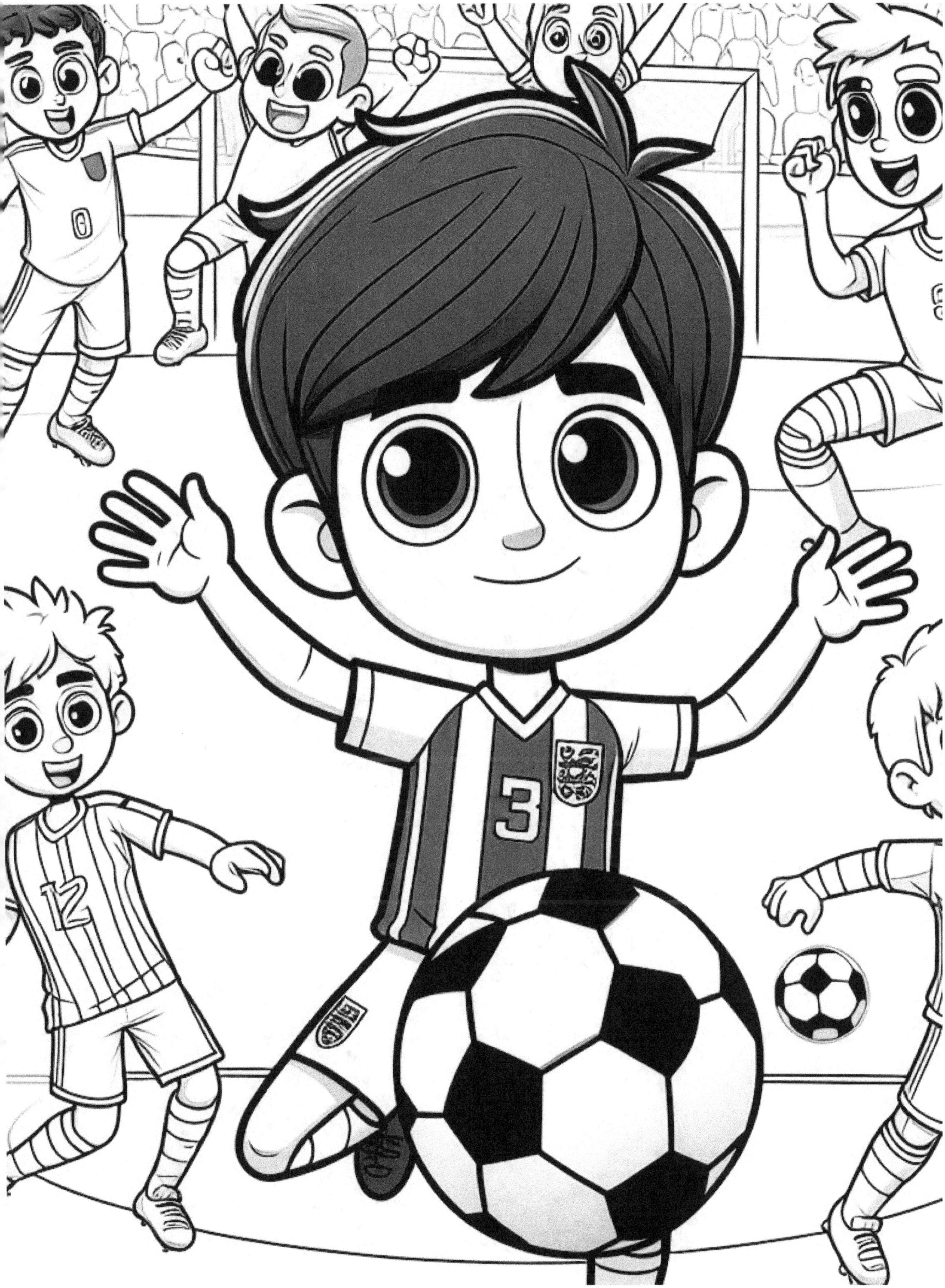
3
12

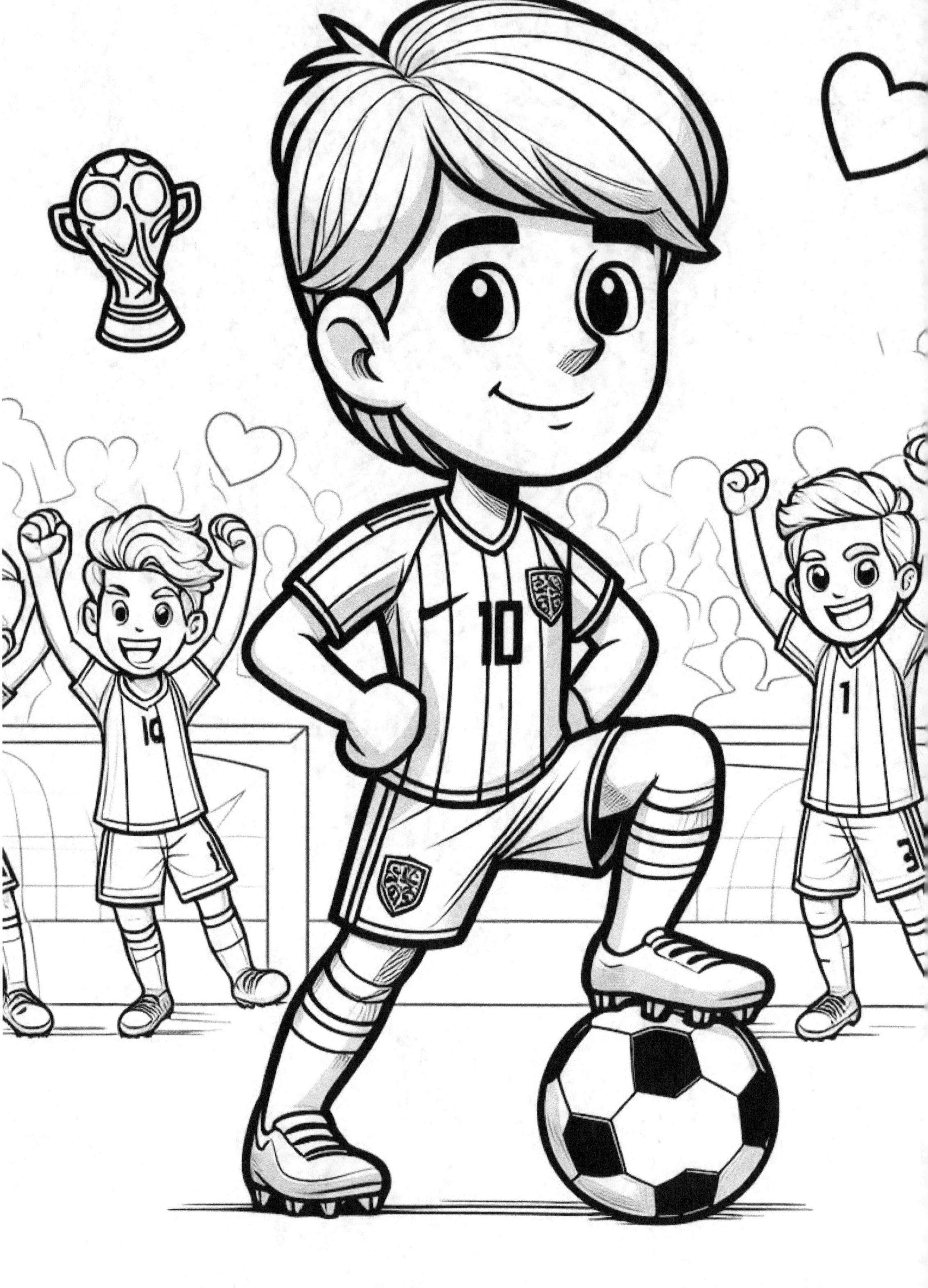
10

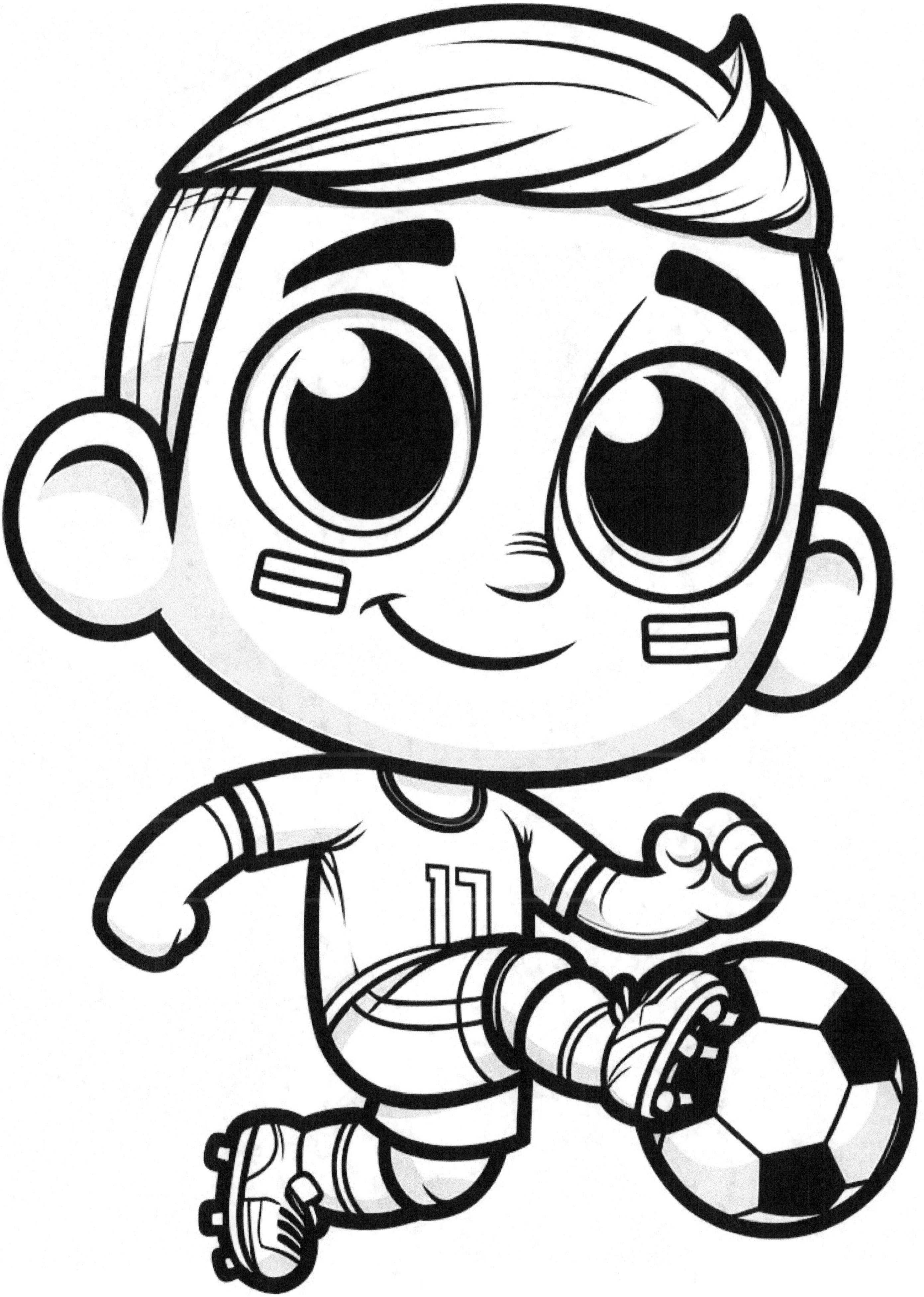
11

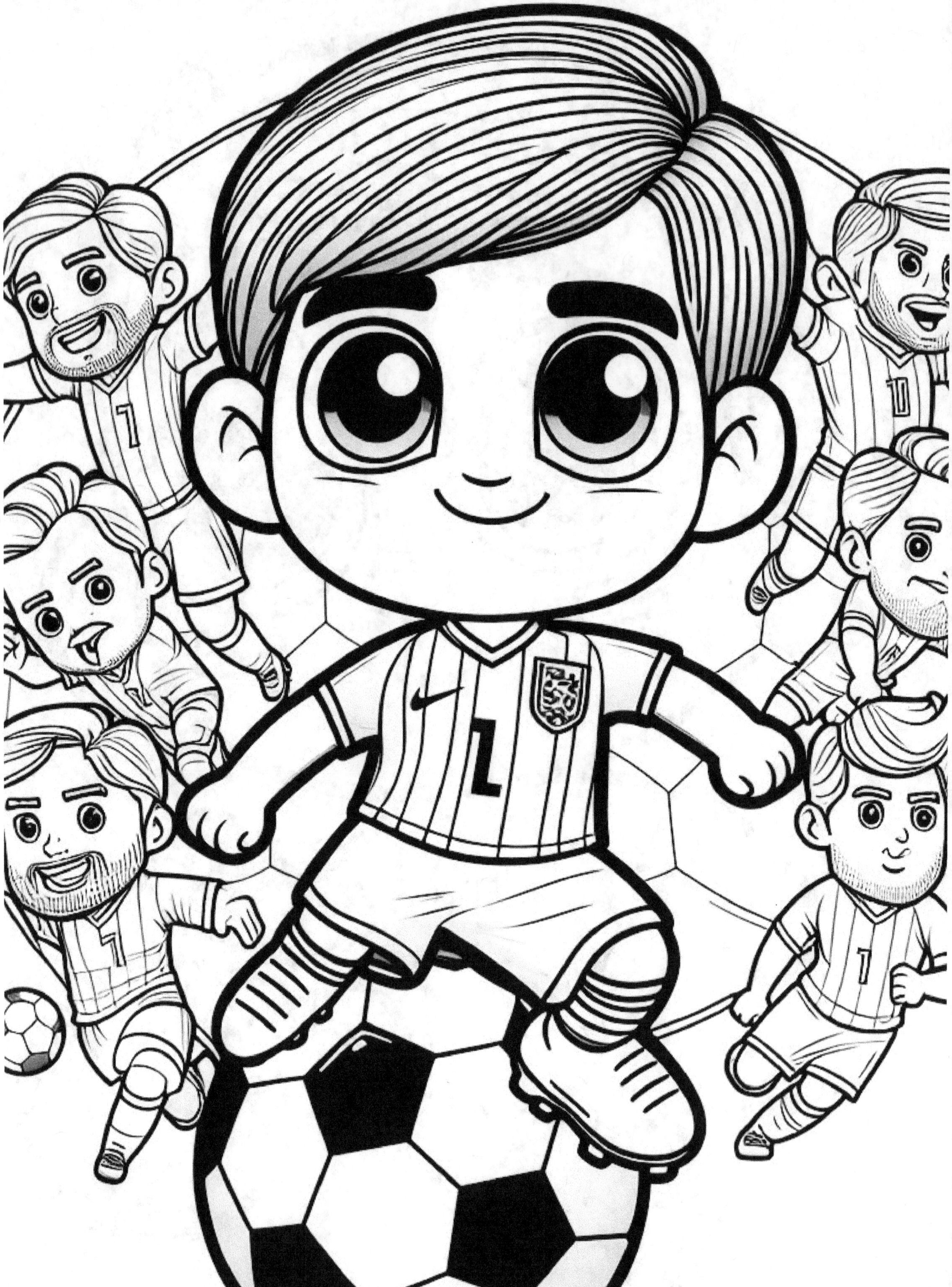

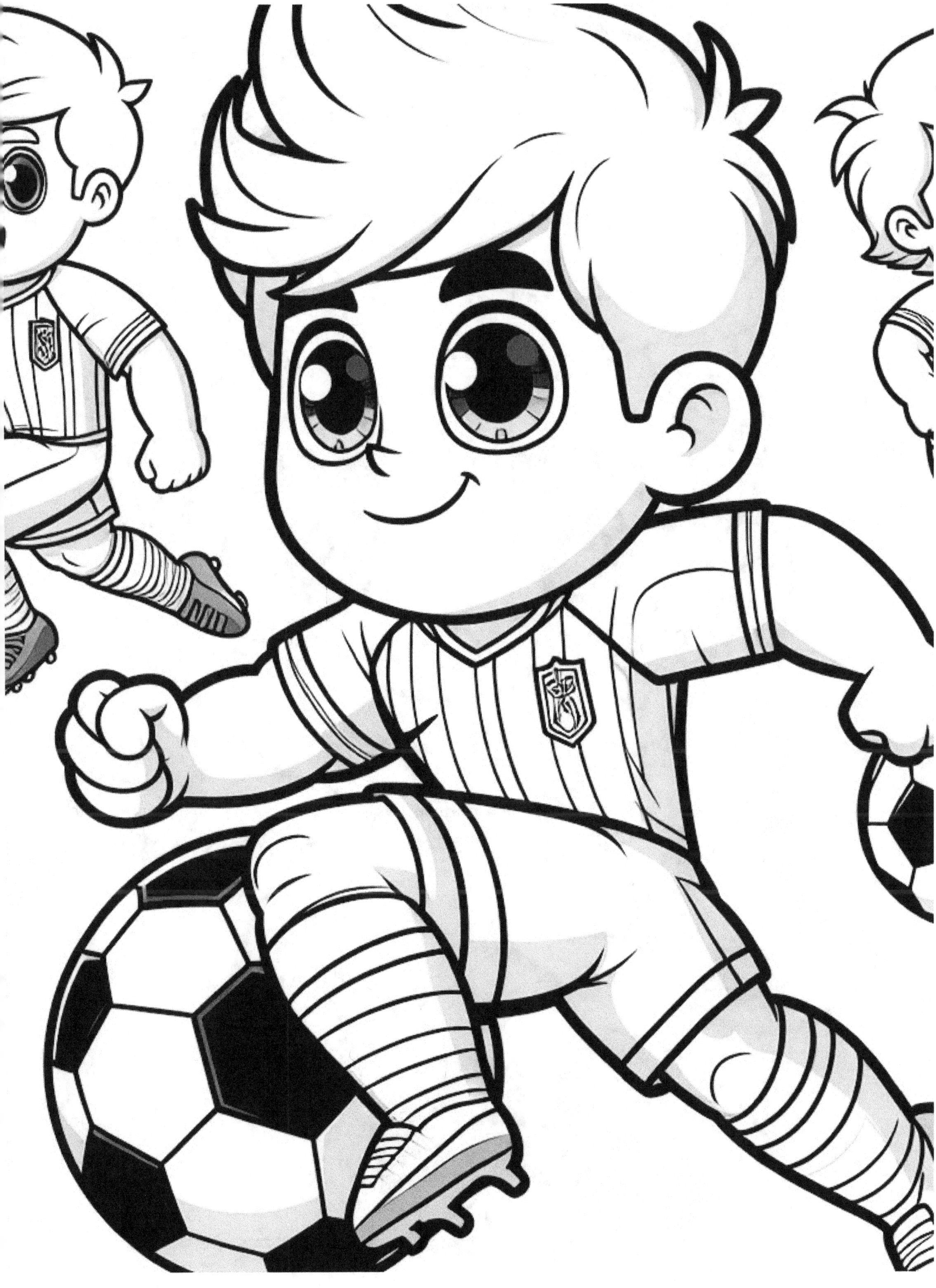

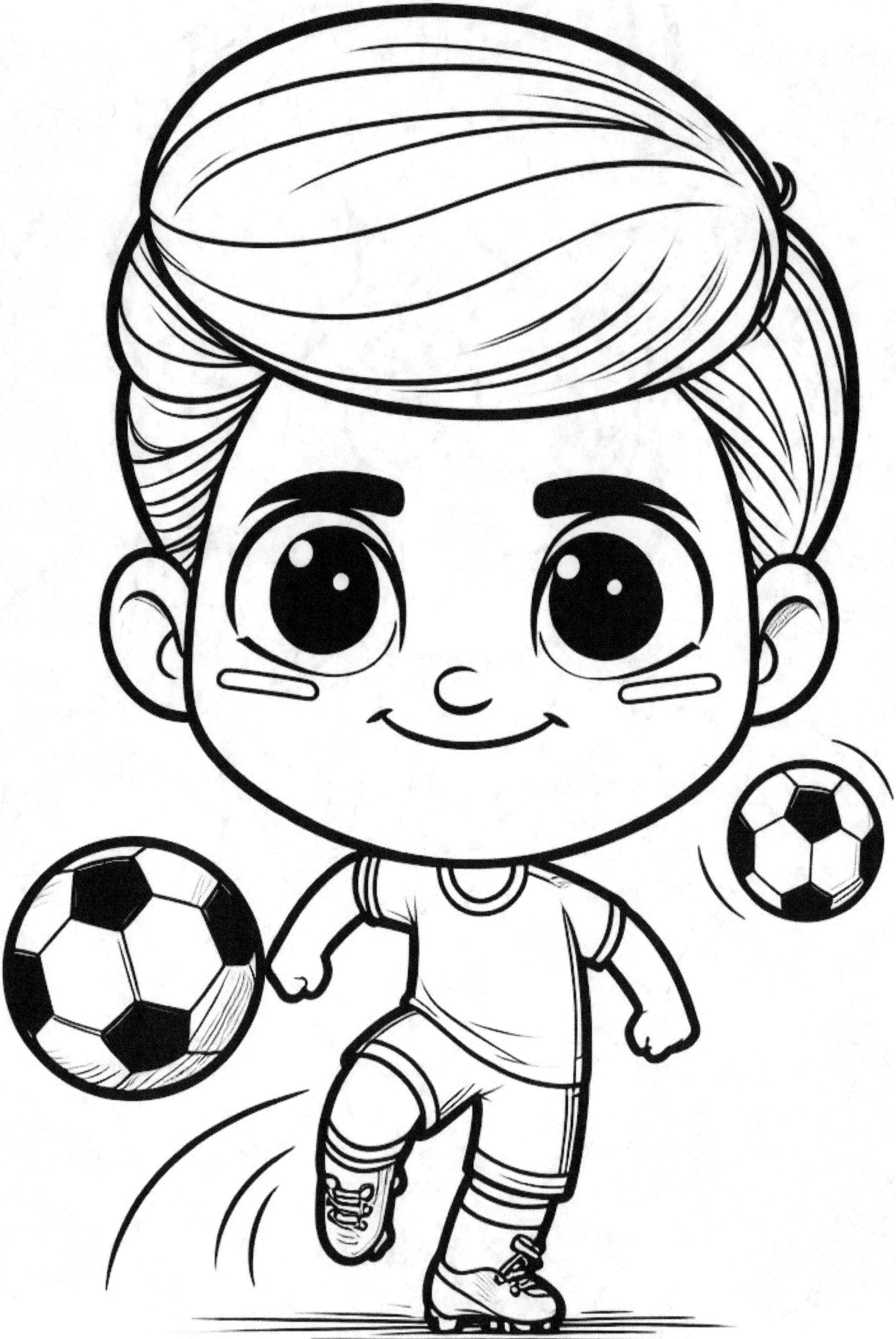

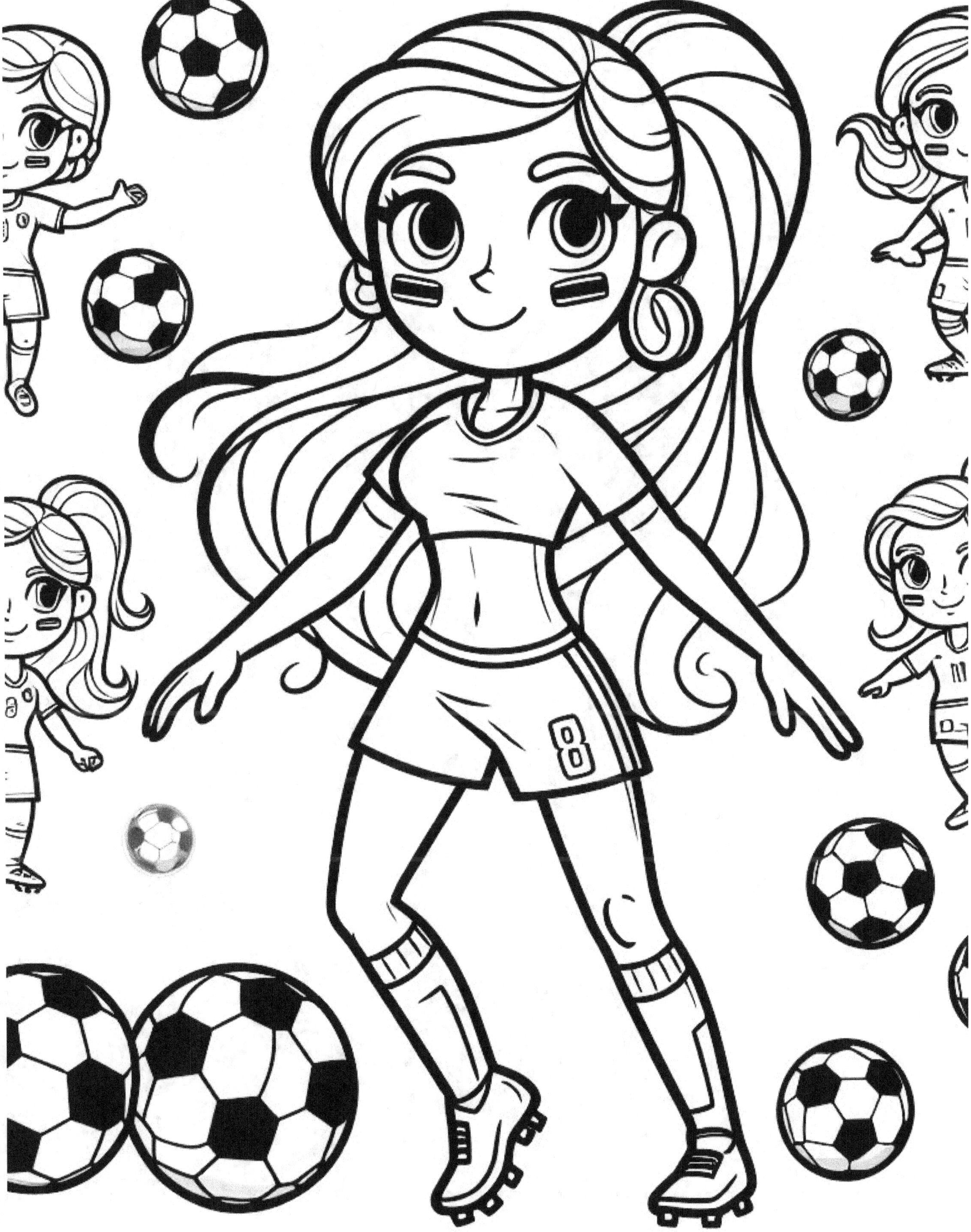

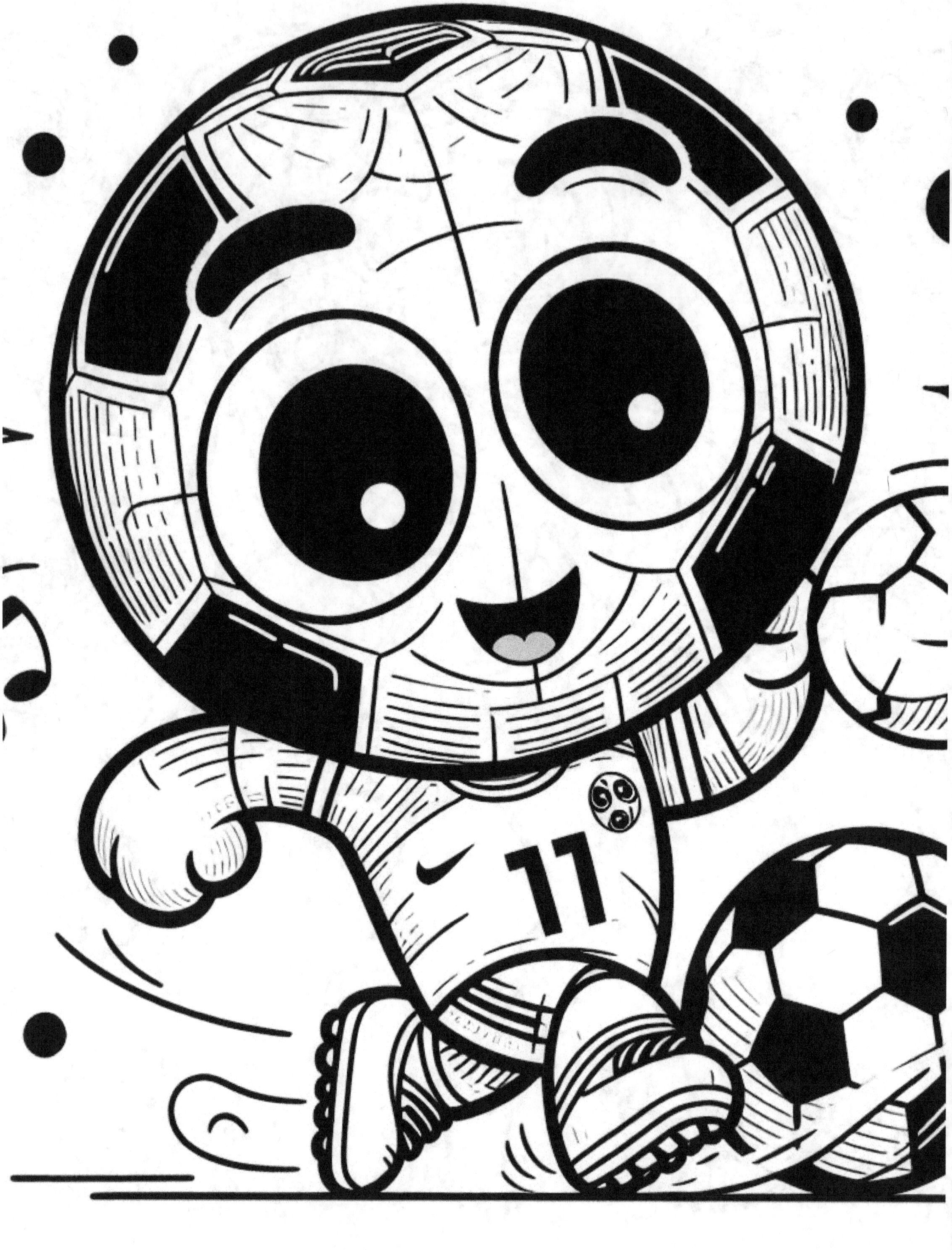
11

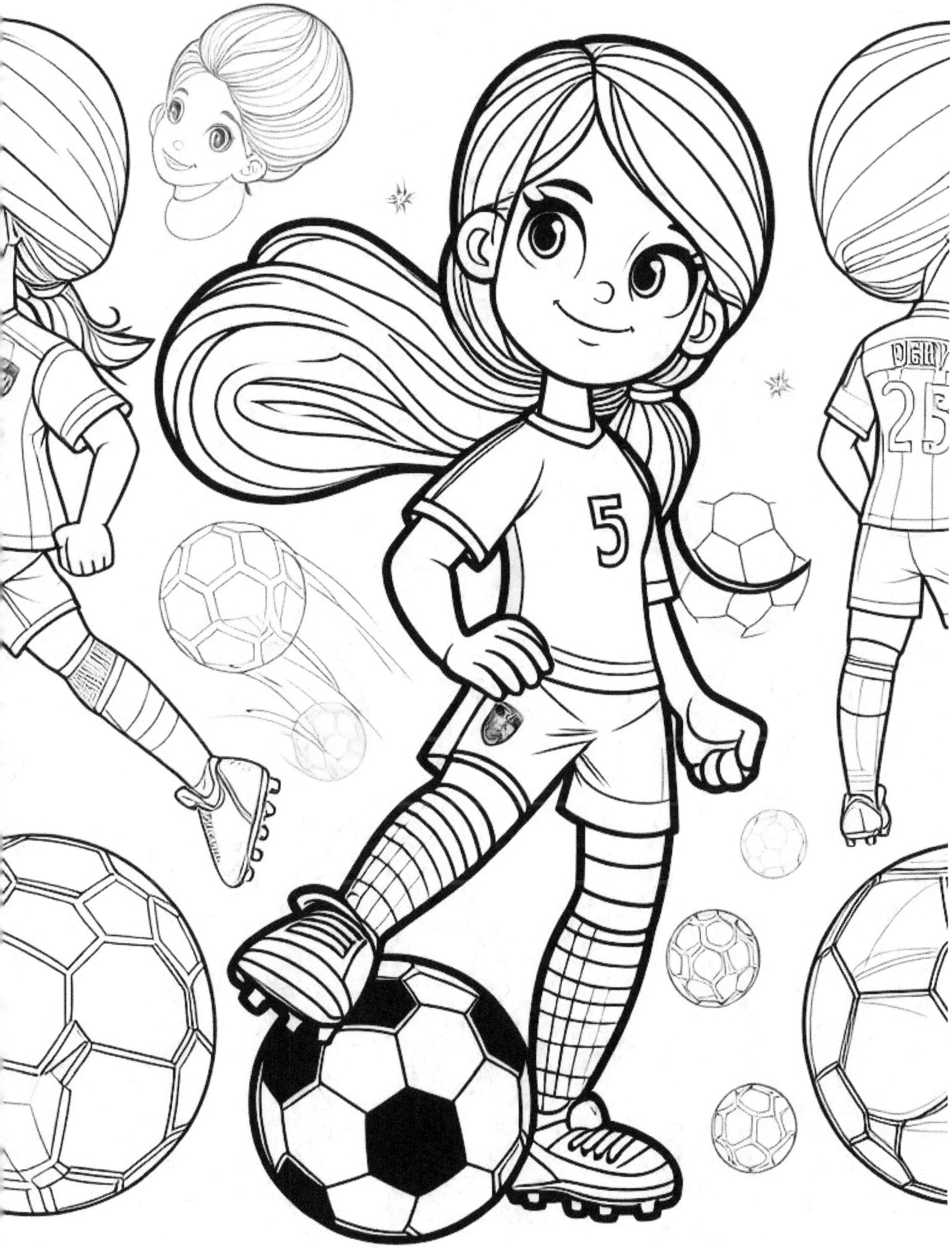
5
25

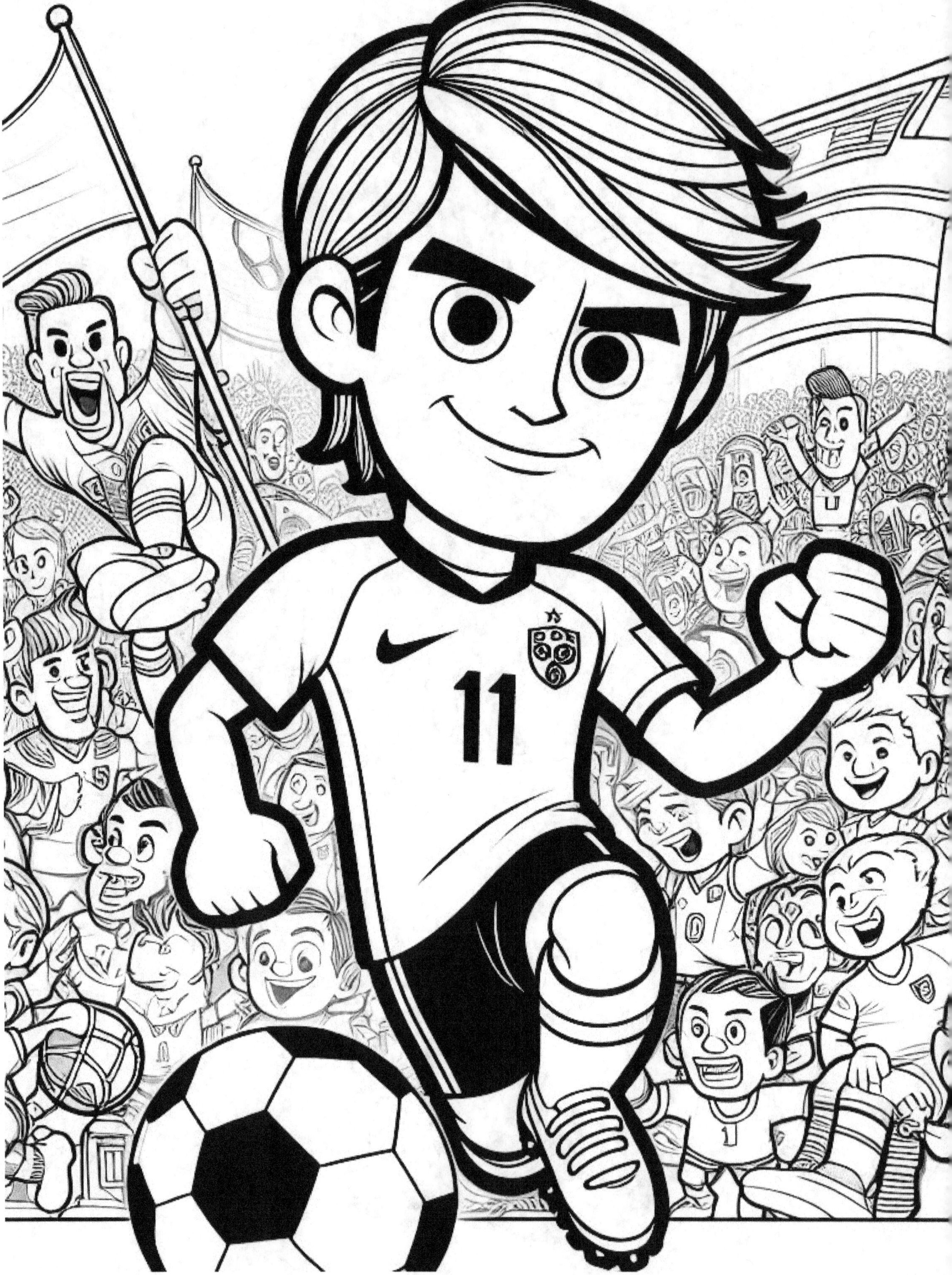
11

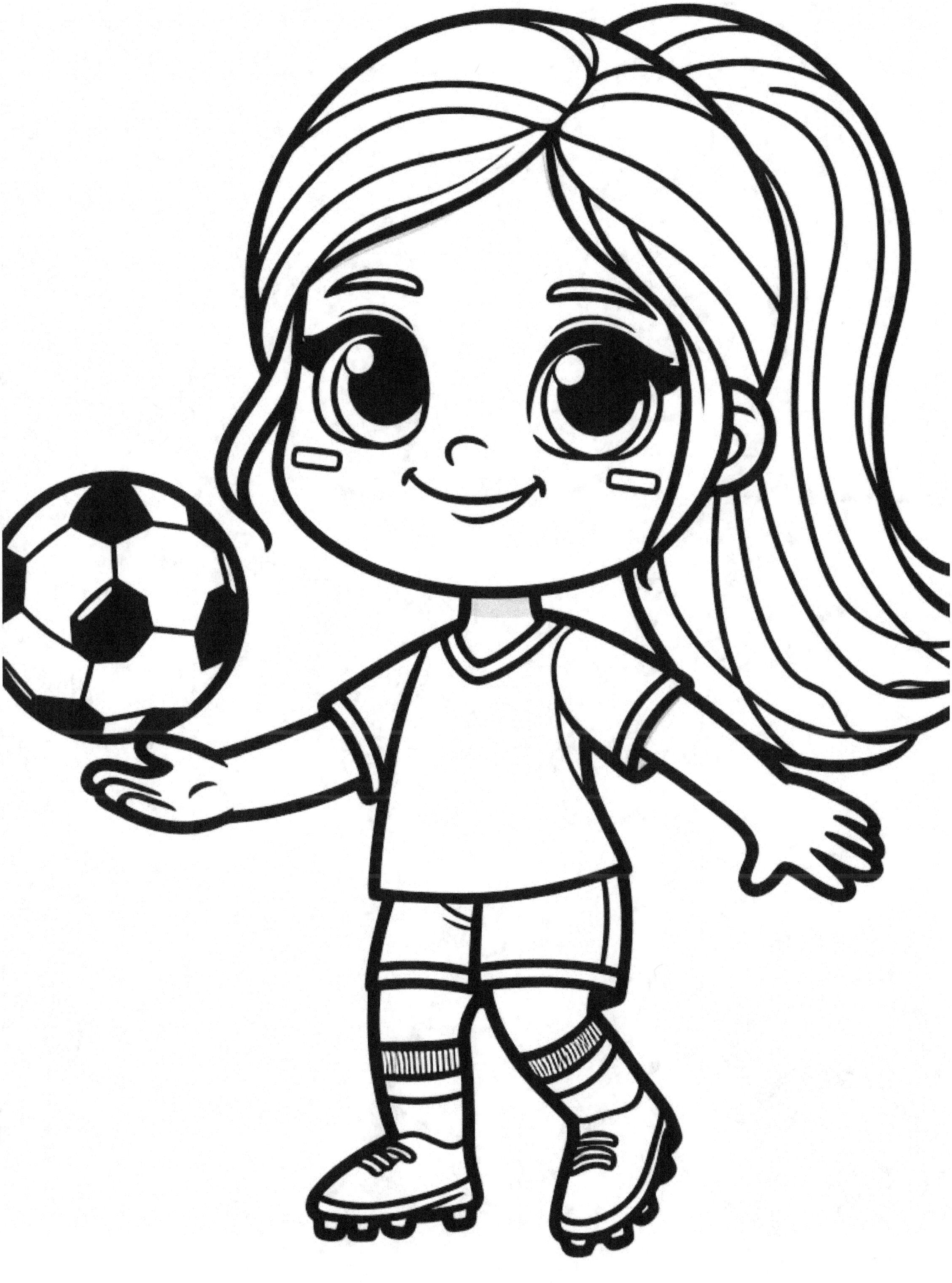

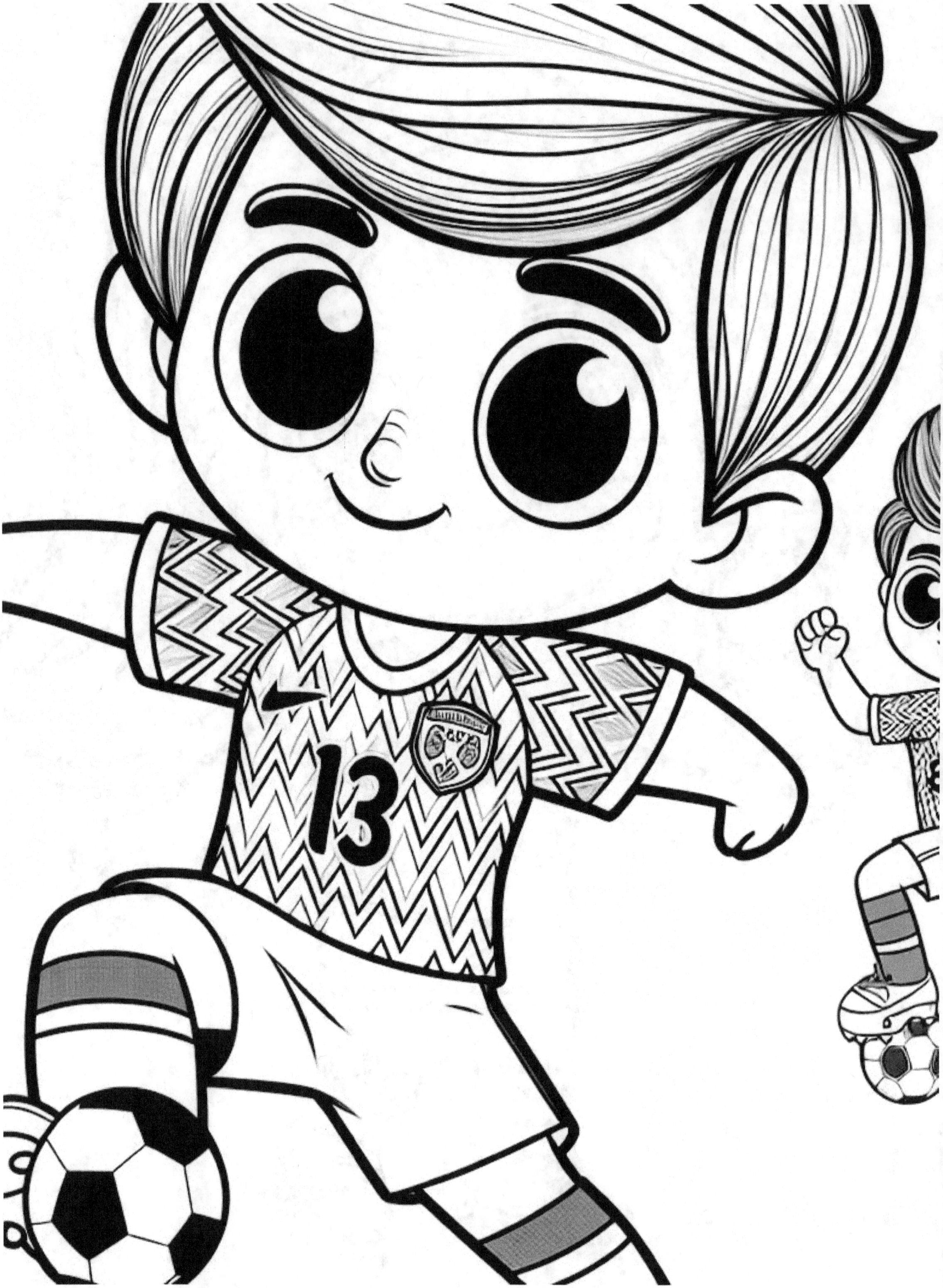
13

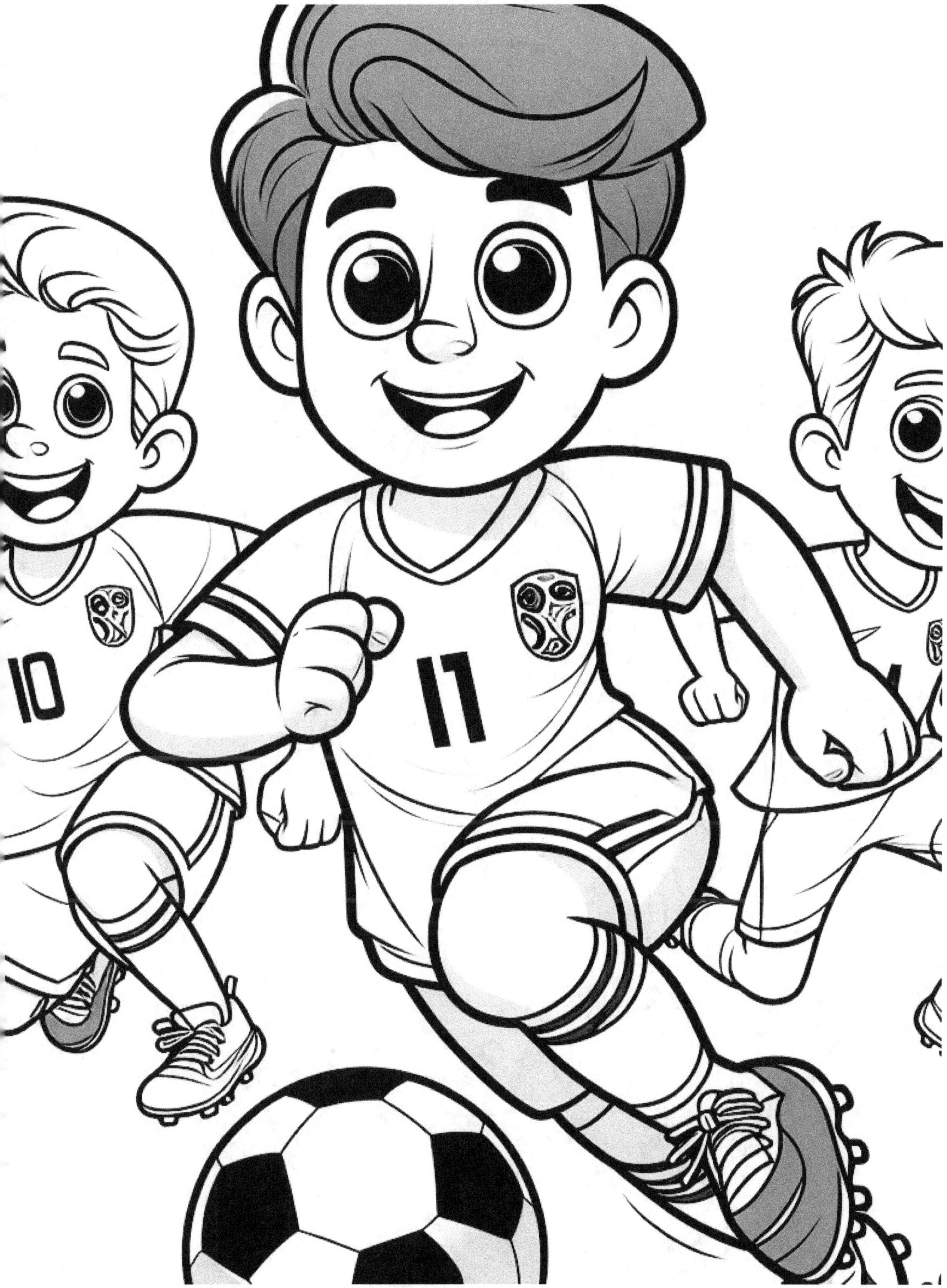
10
11

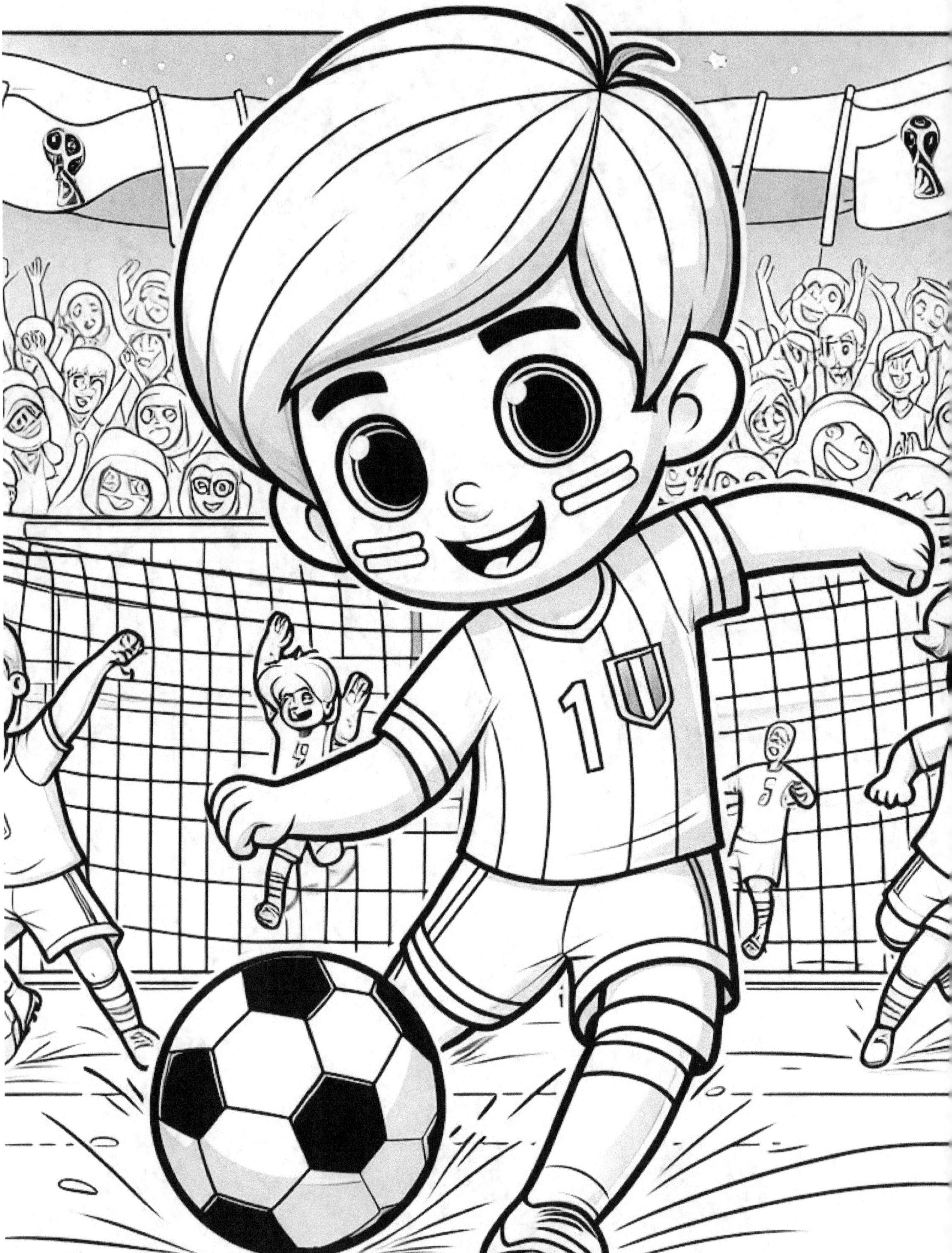

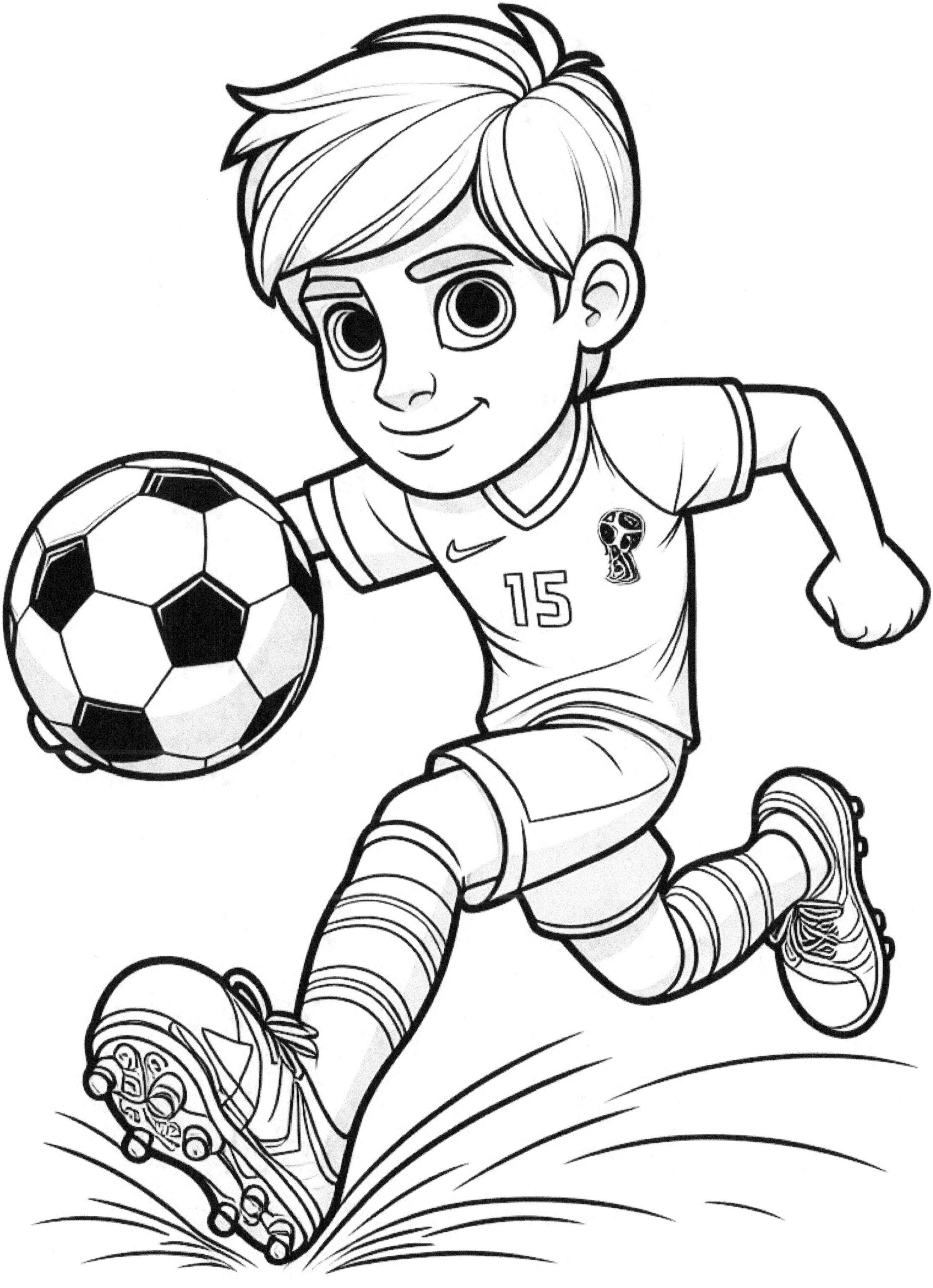
15

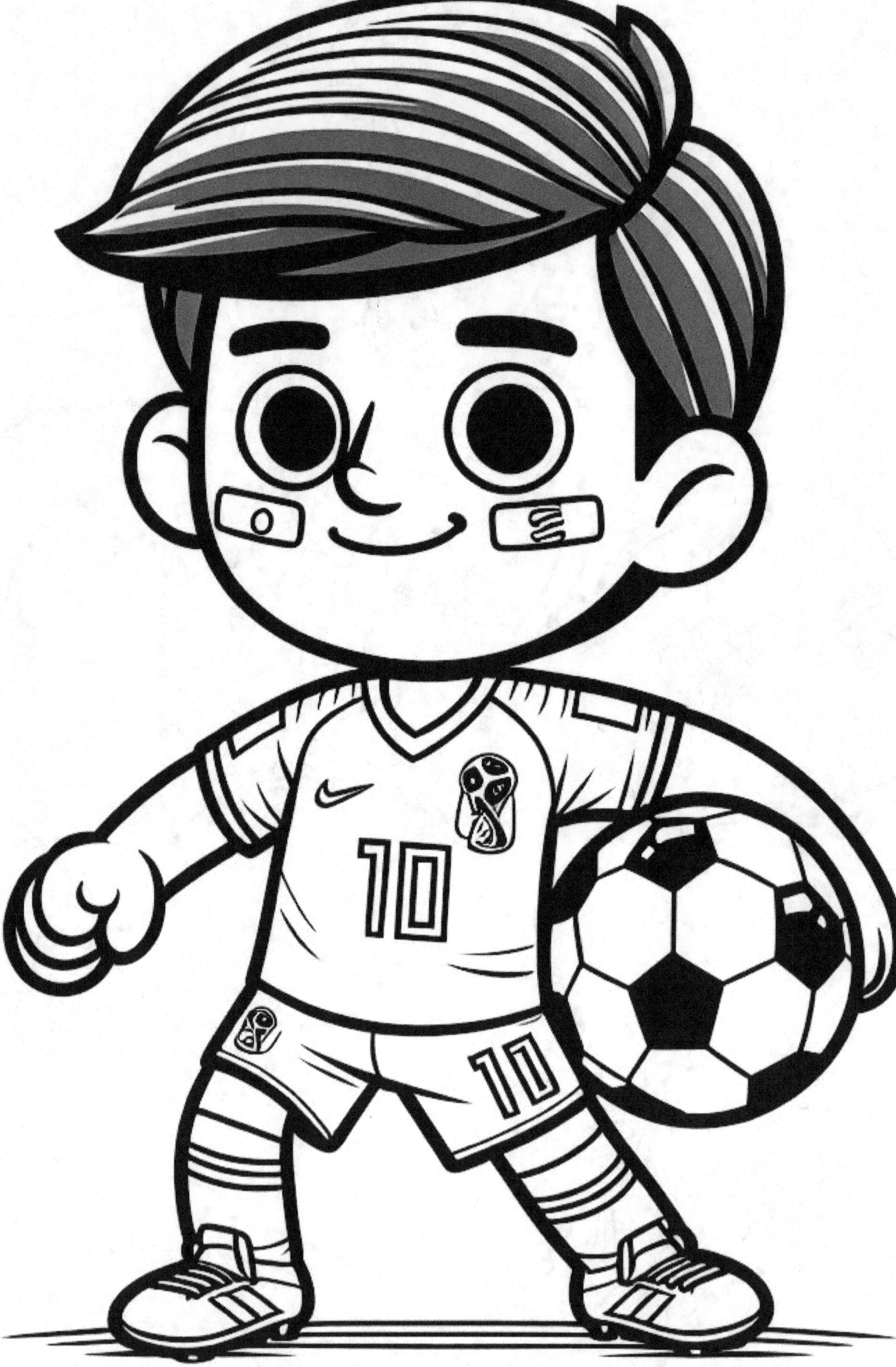
10
10

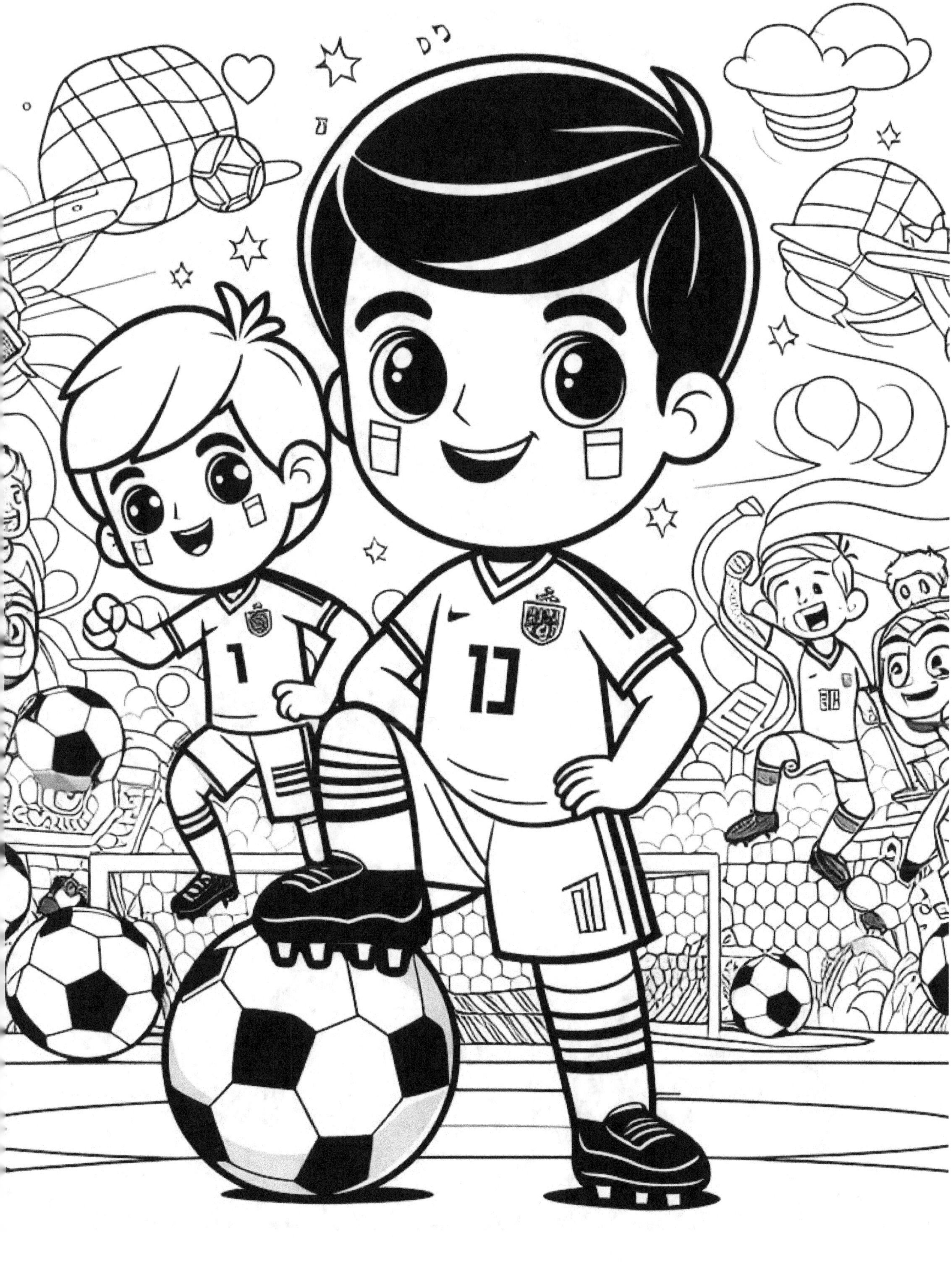

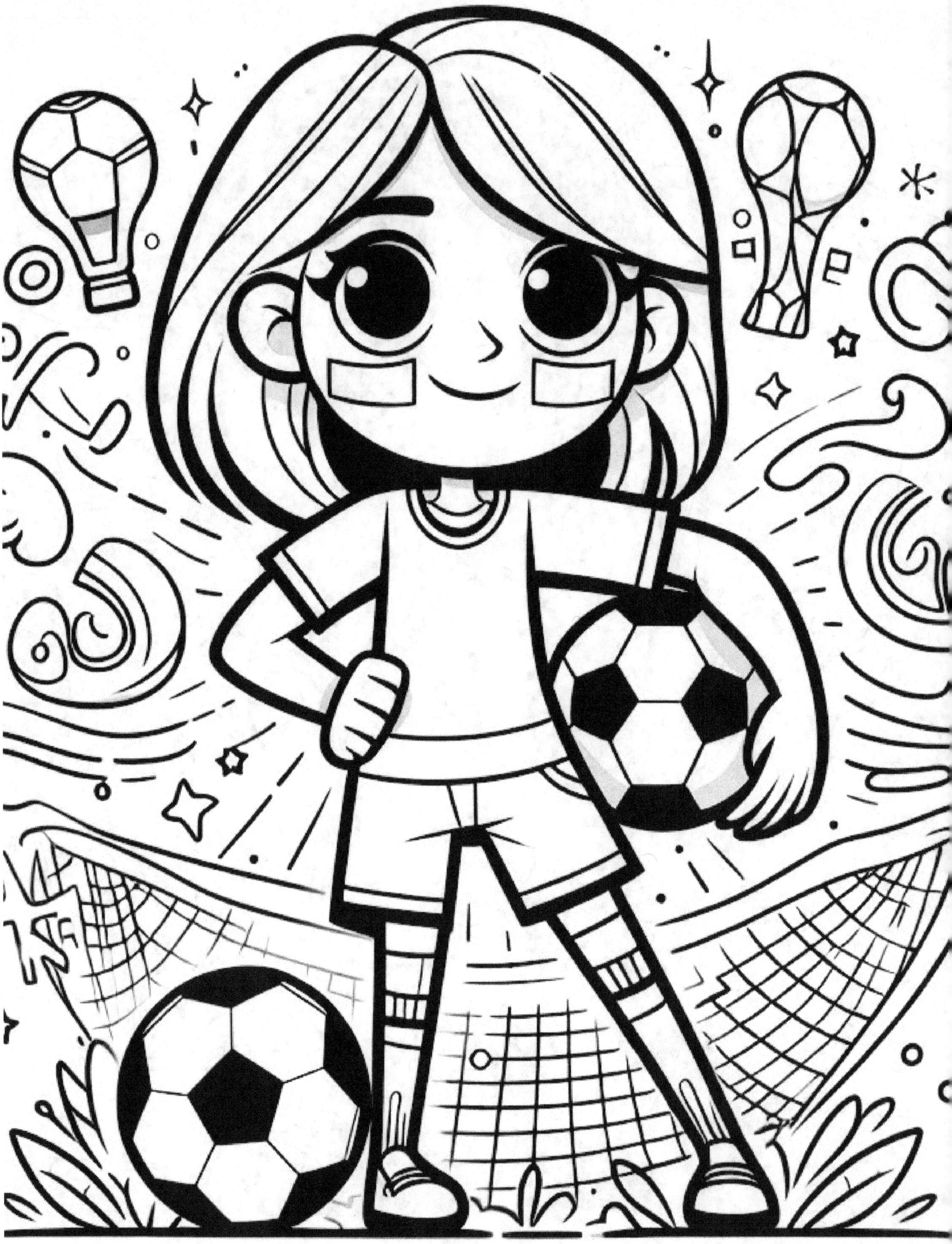

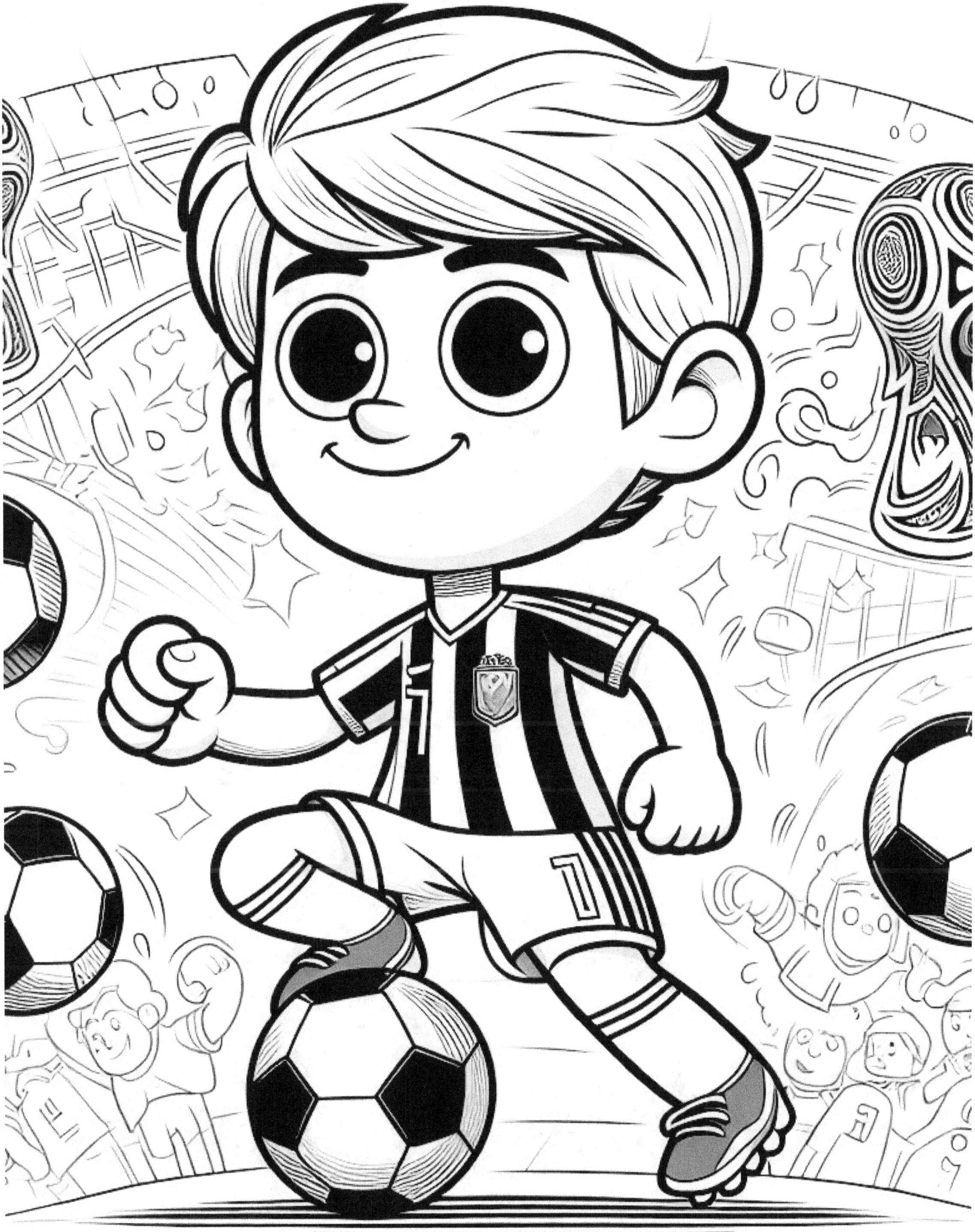

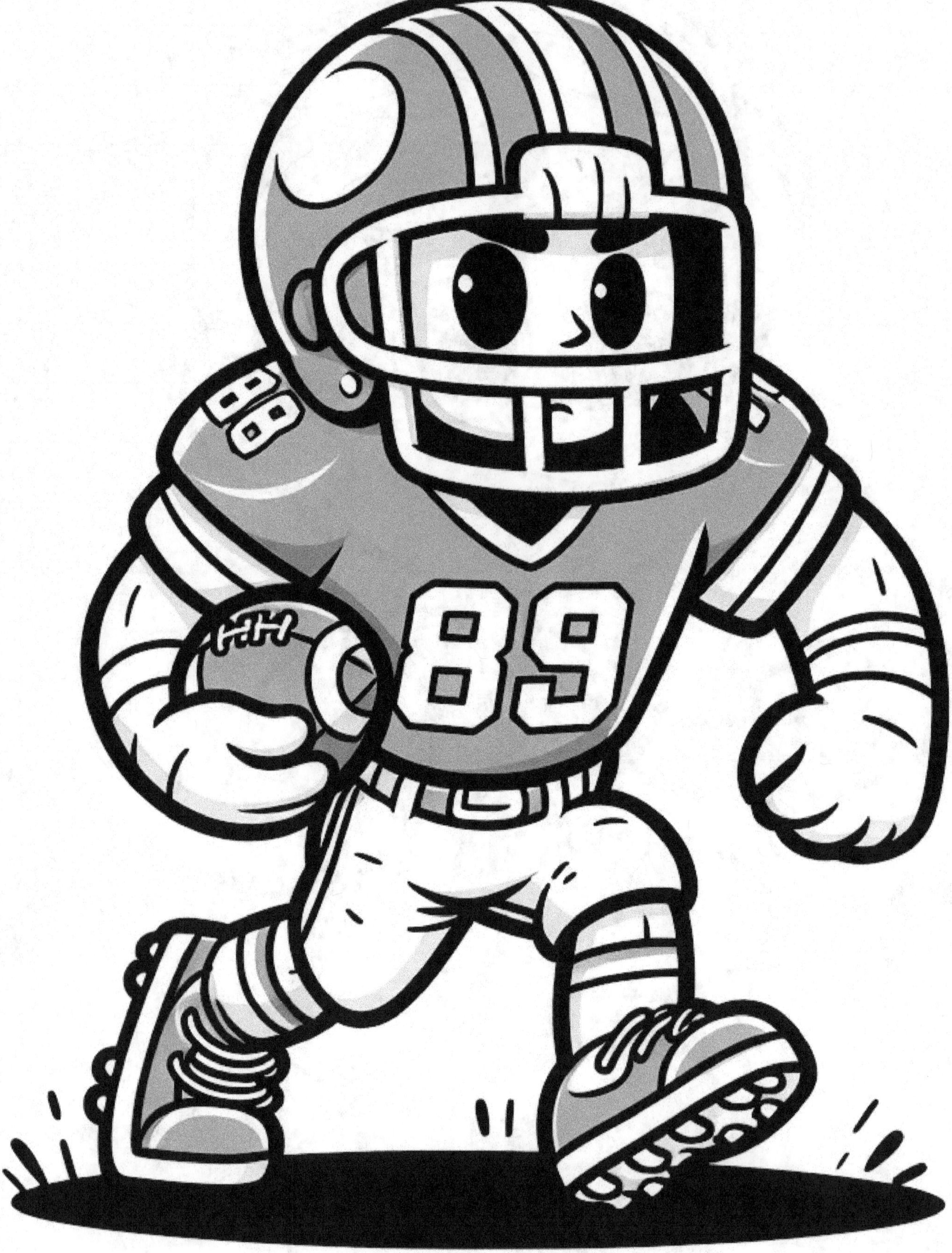
88
89

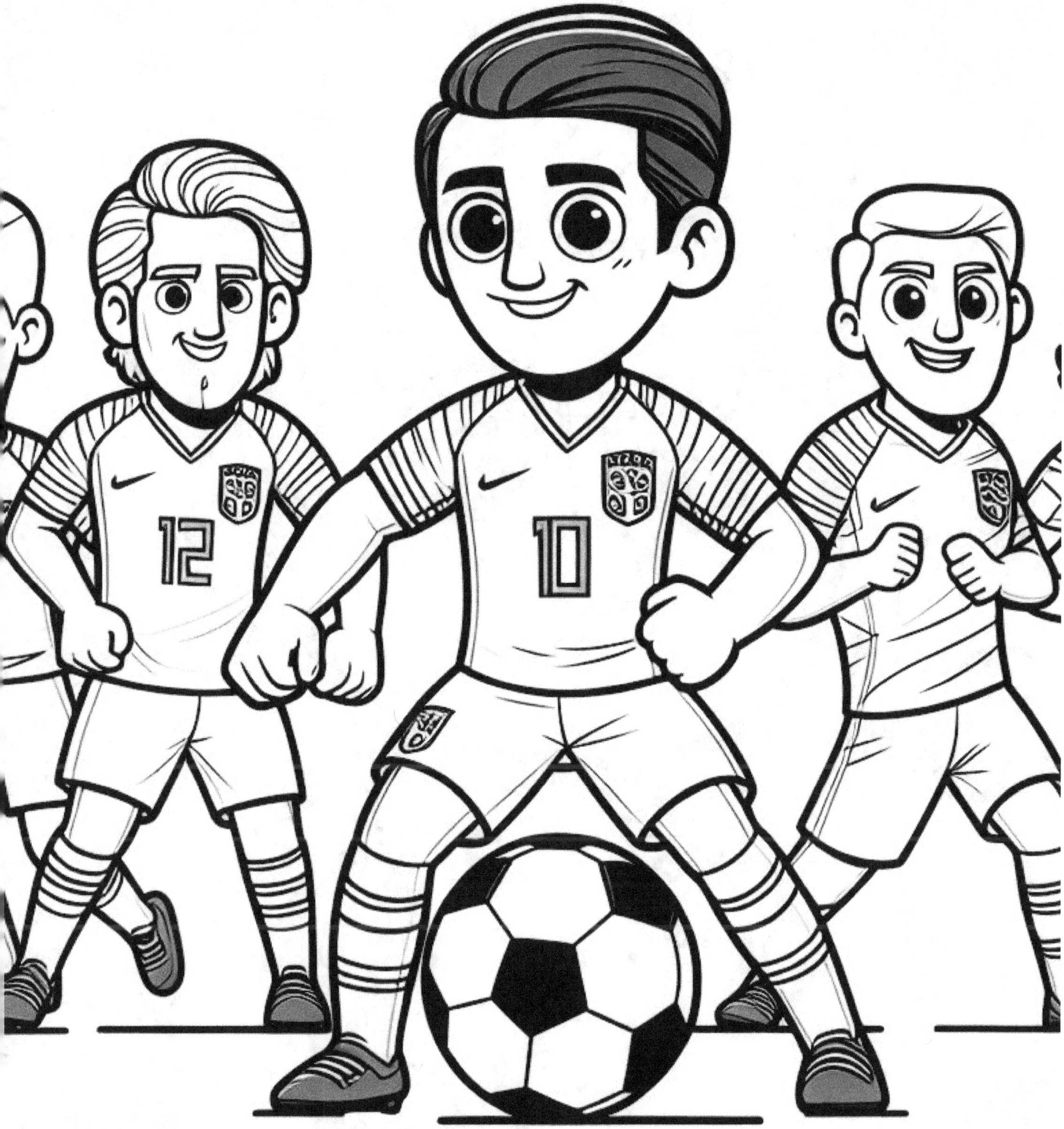
12
10

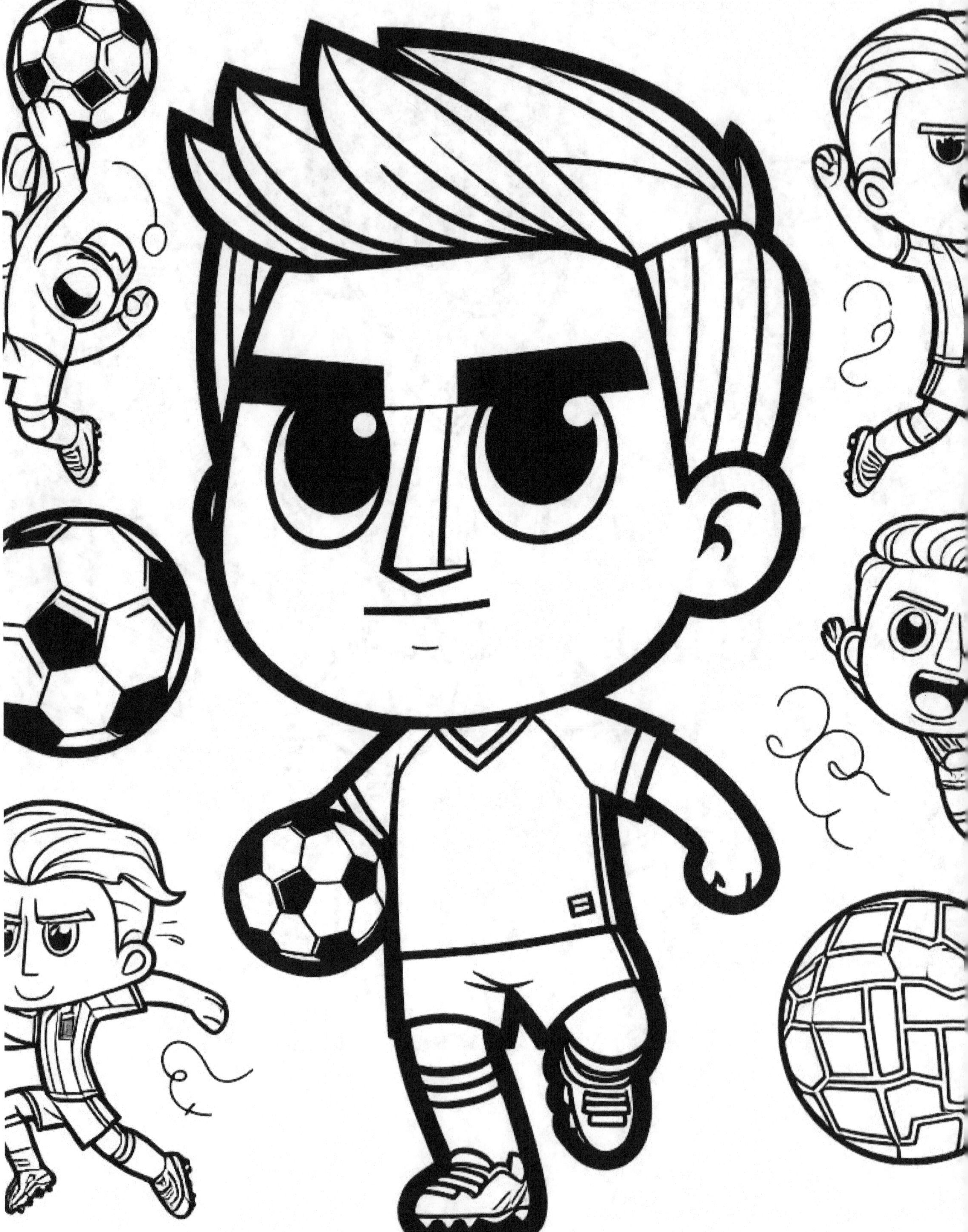

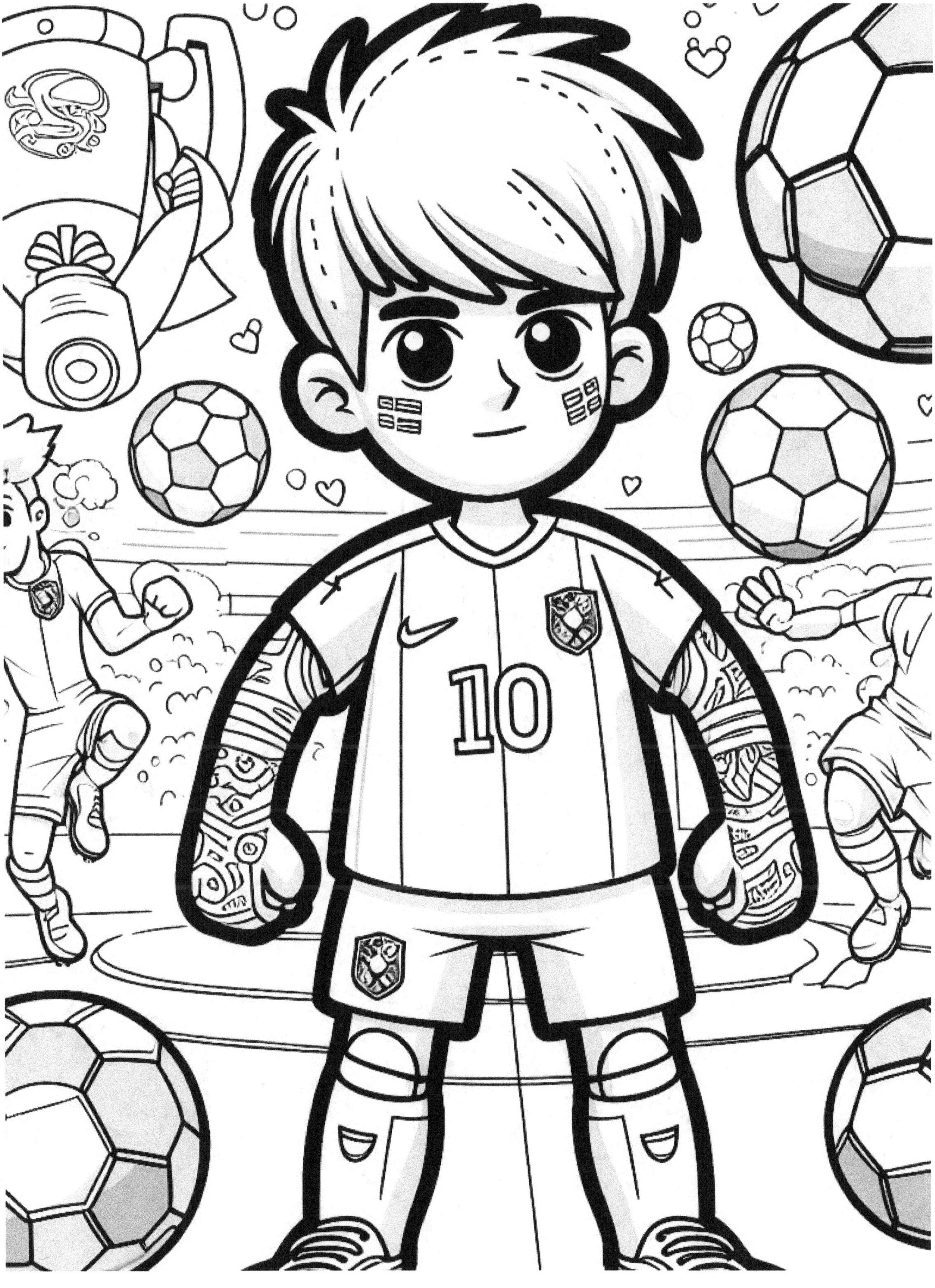
10

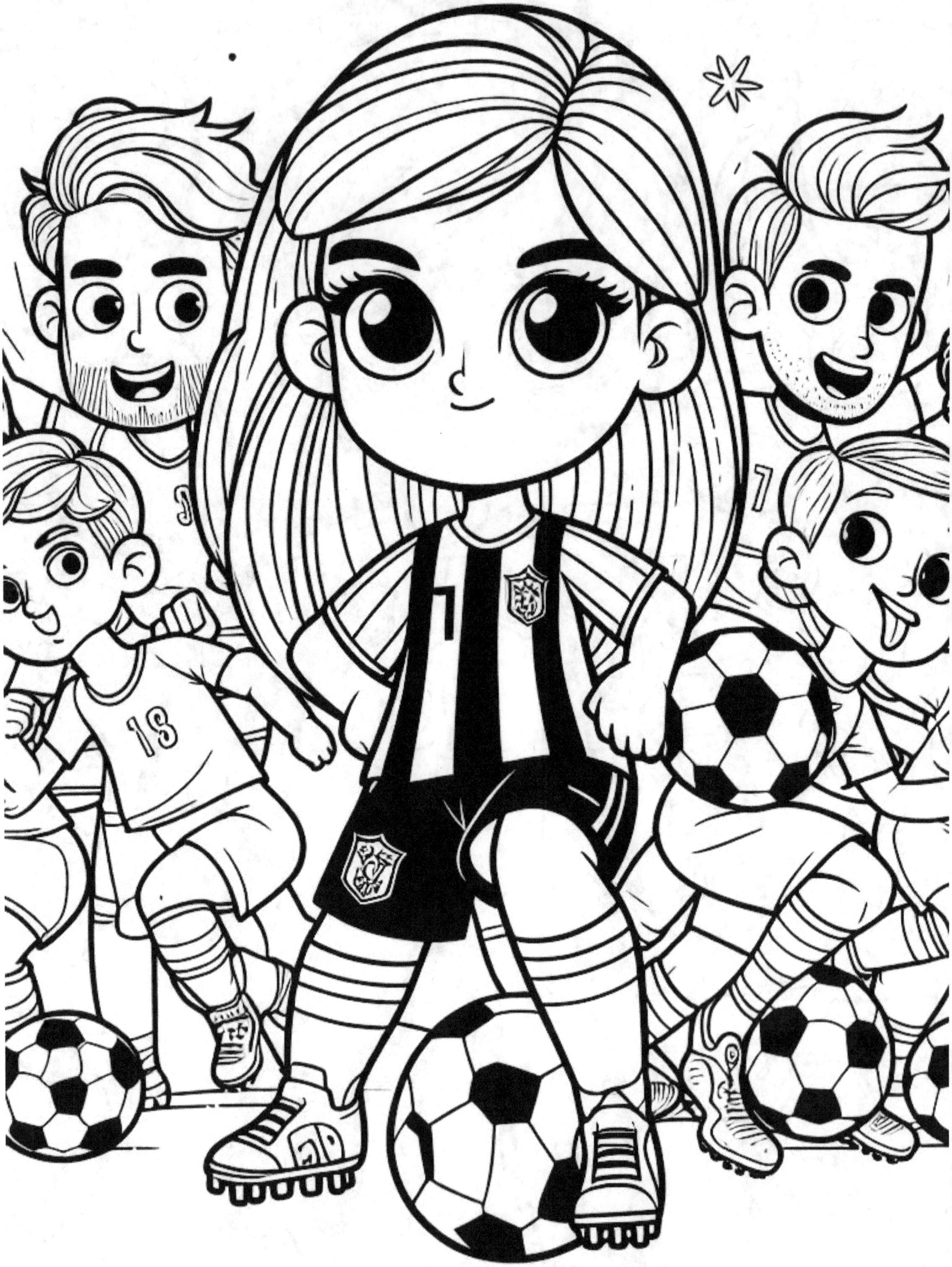
18
7

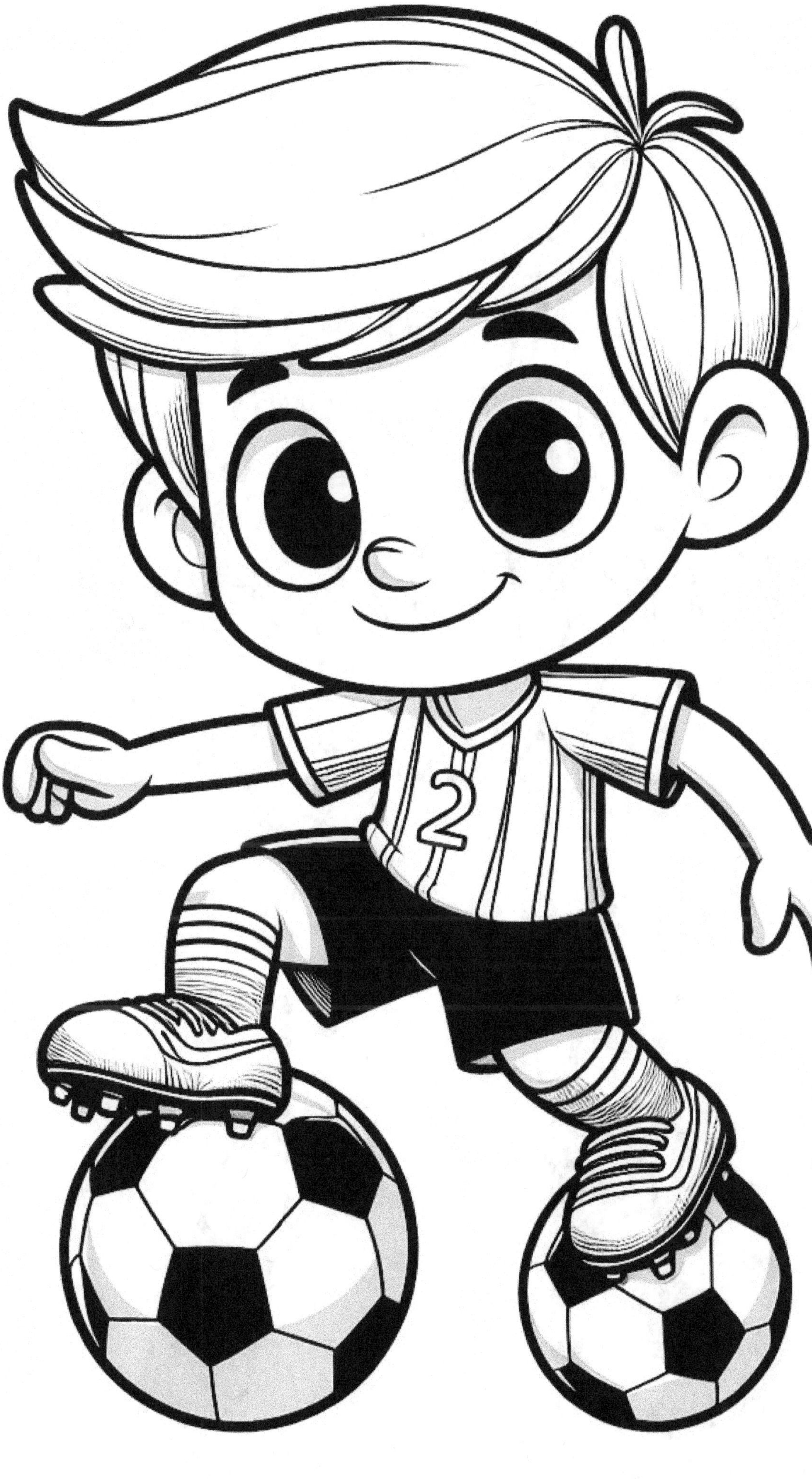
2

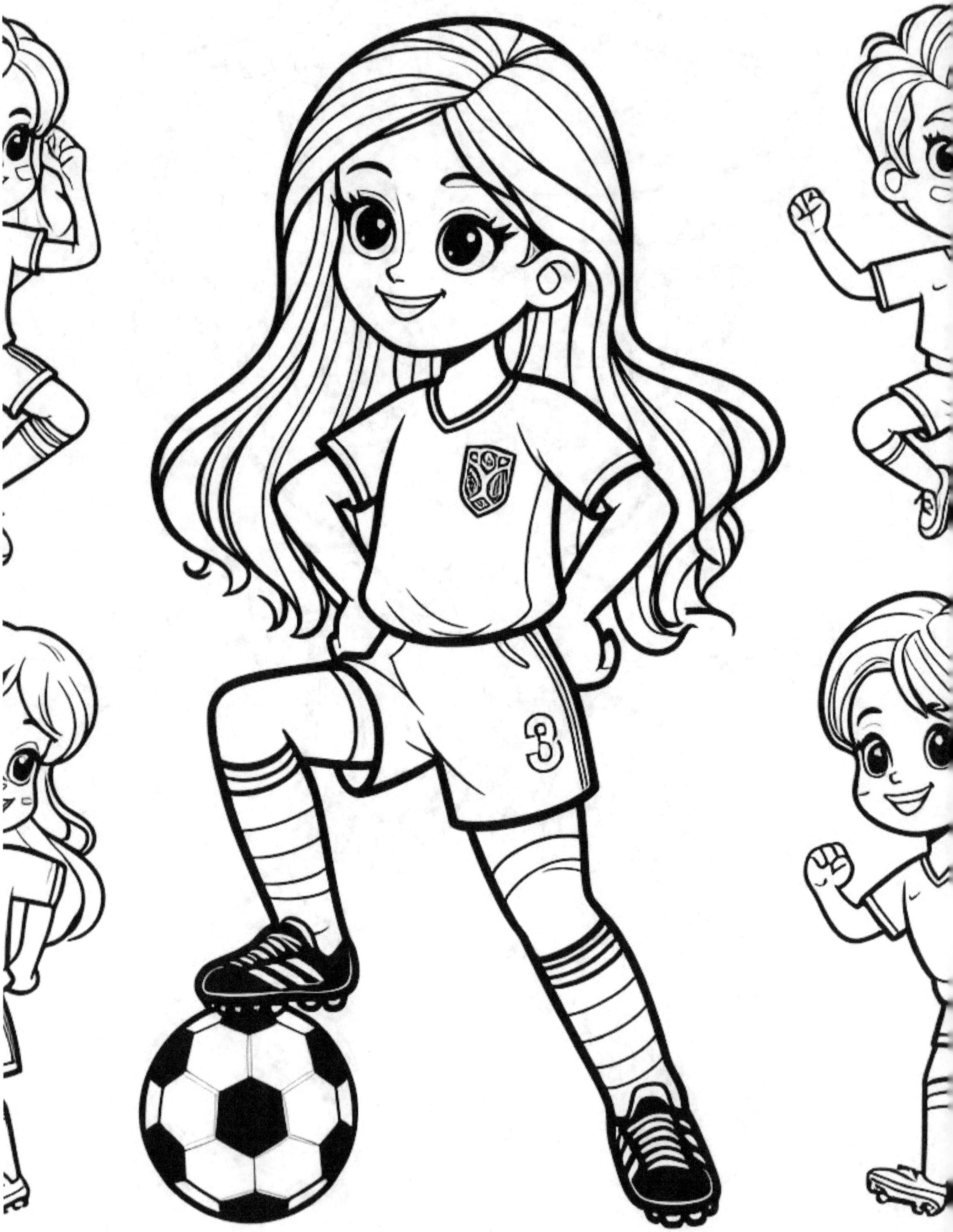

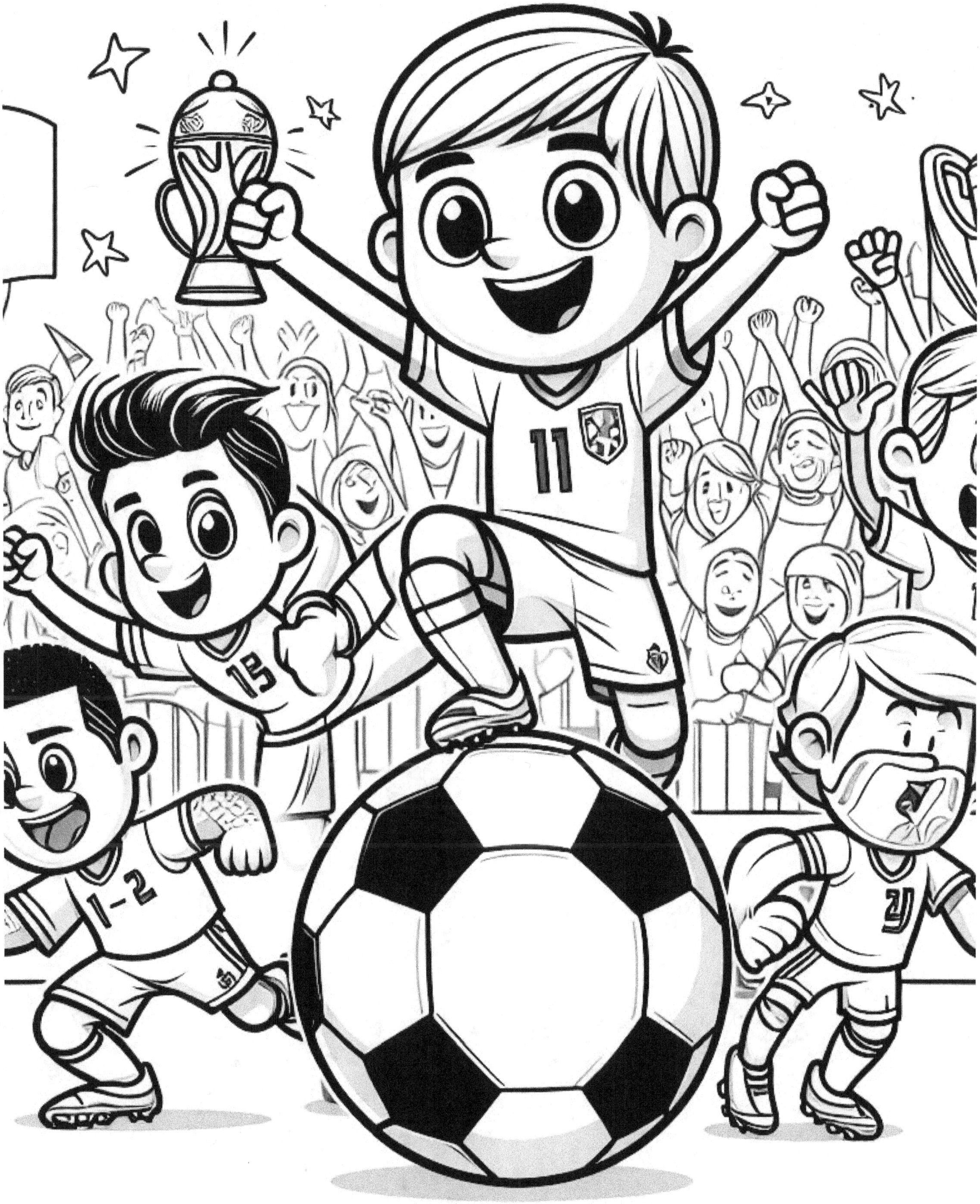
11
15
1-2

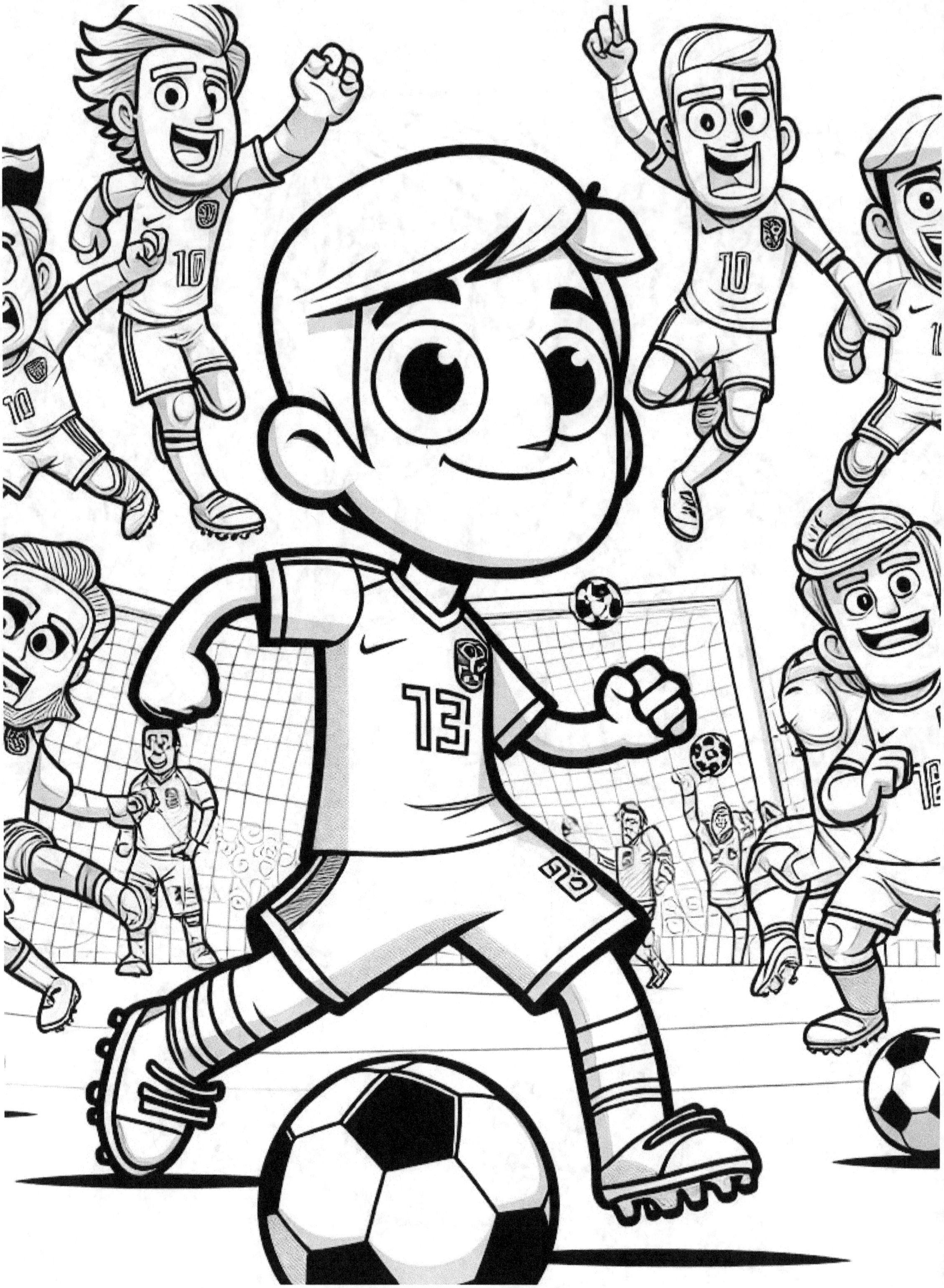
10
10
10
13

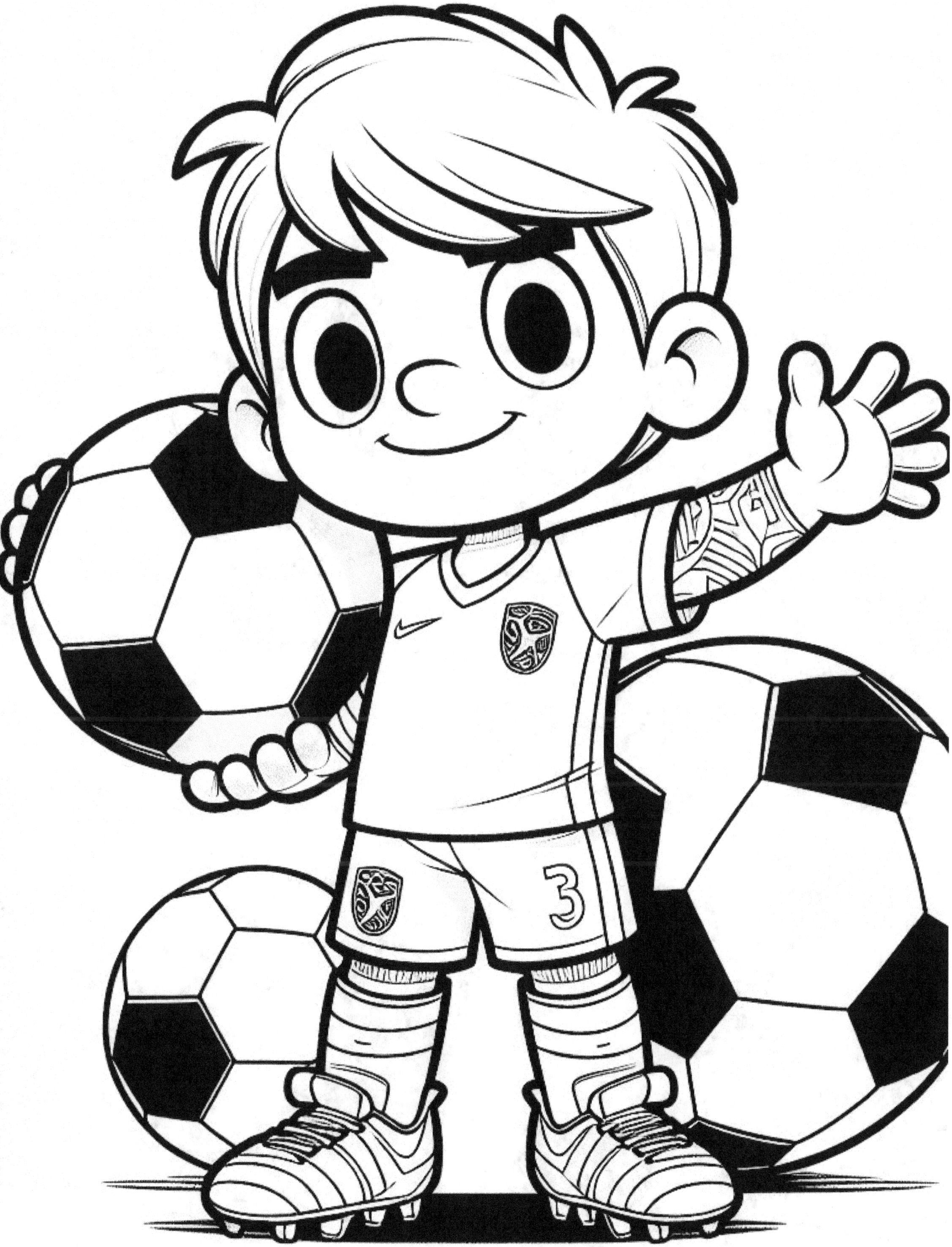
3

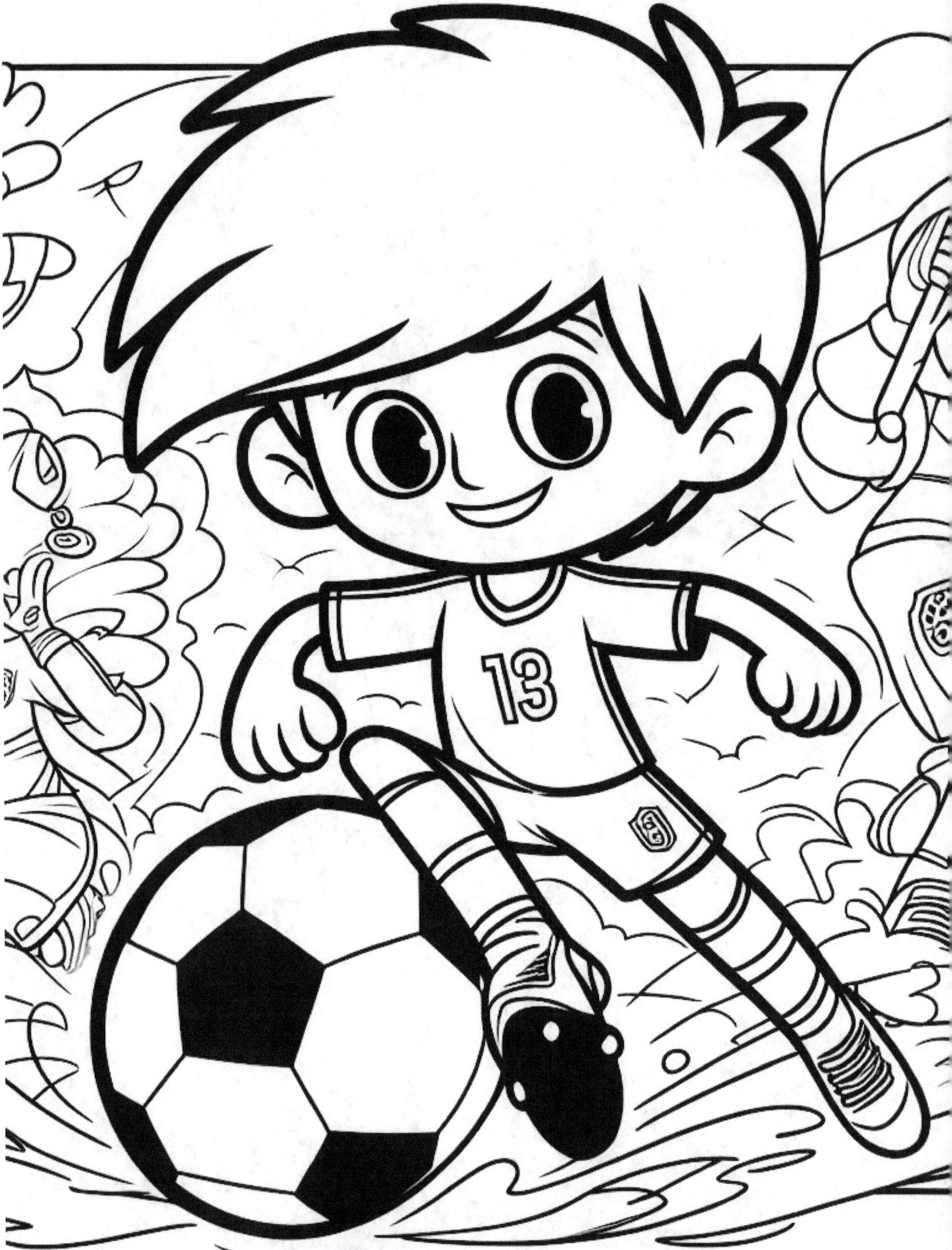
13

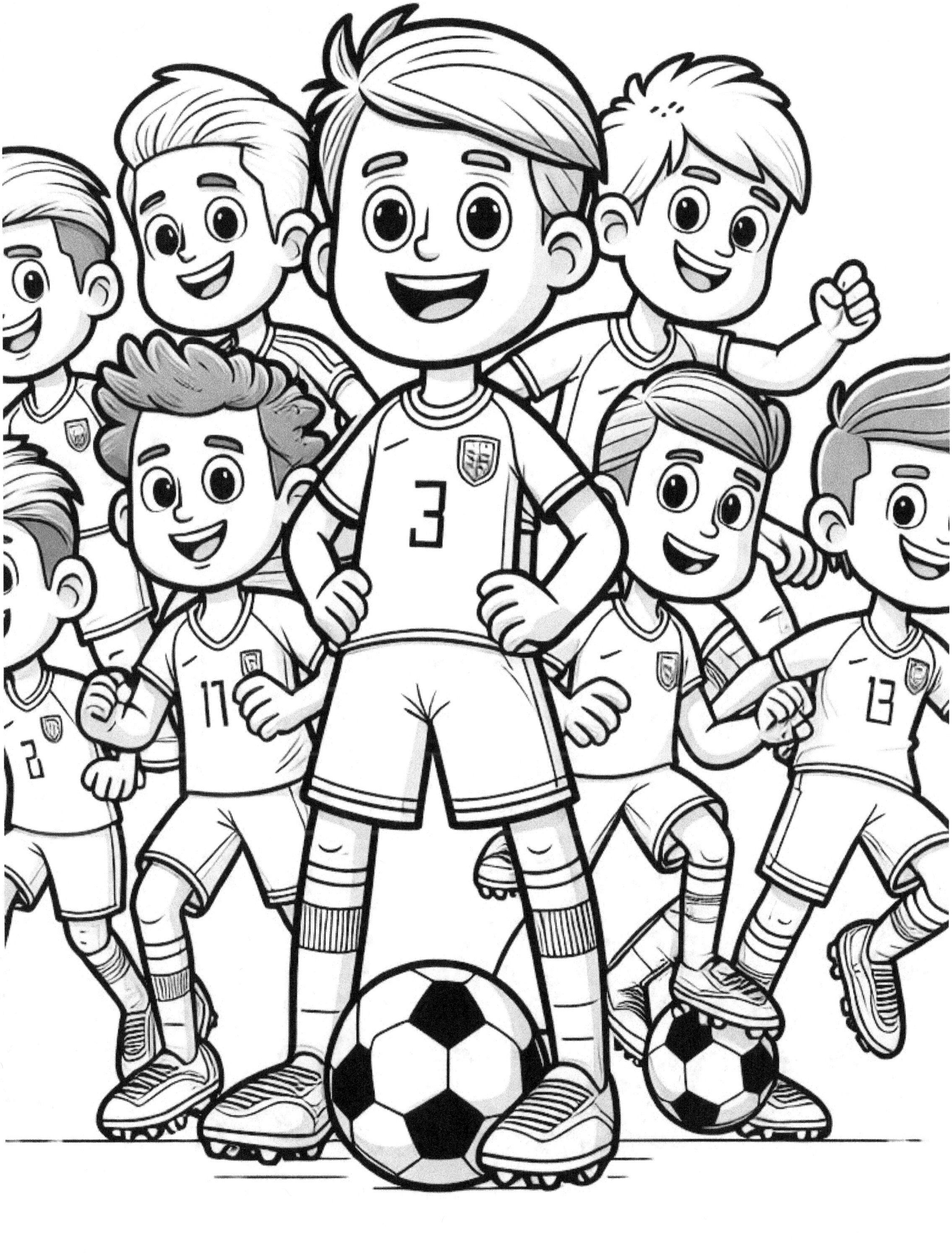
3
17
2
13

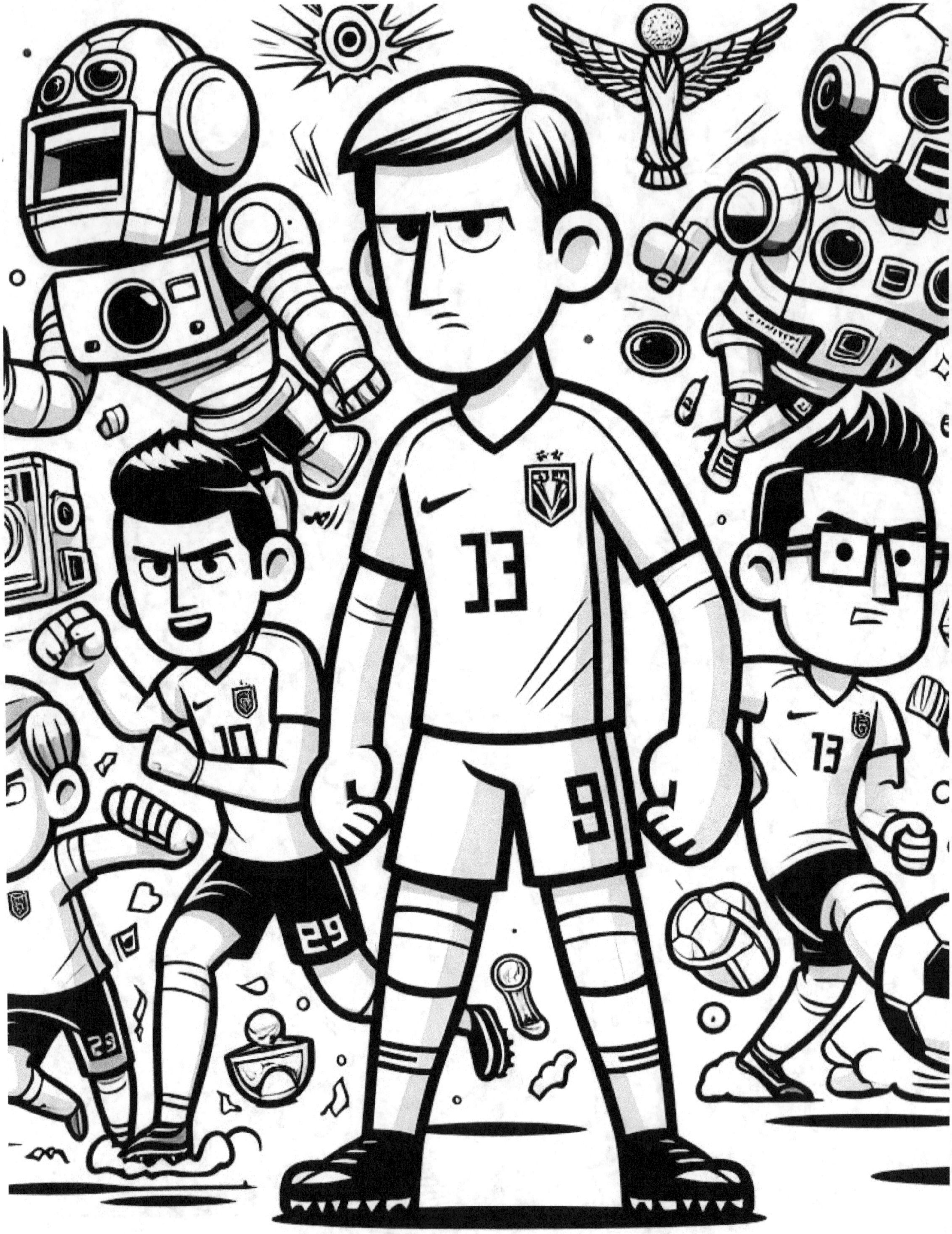

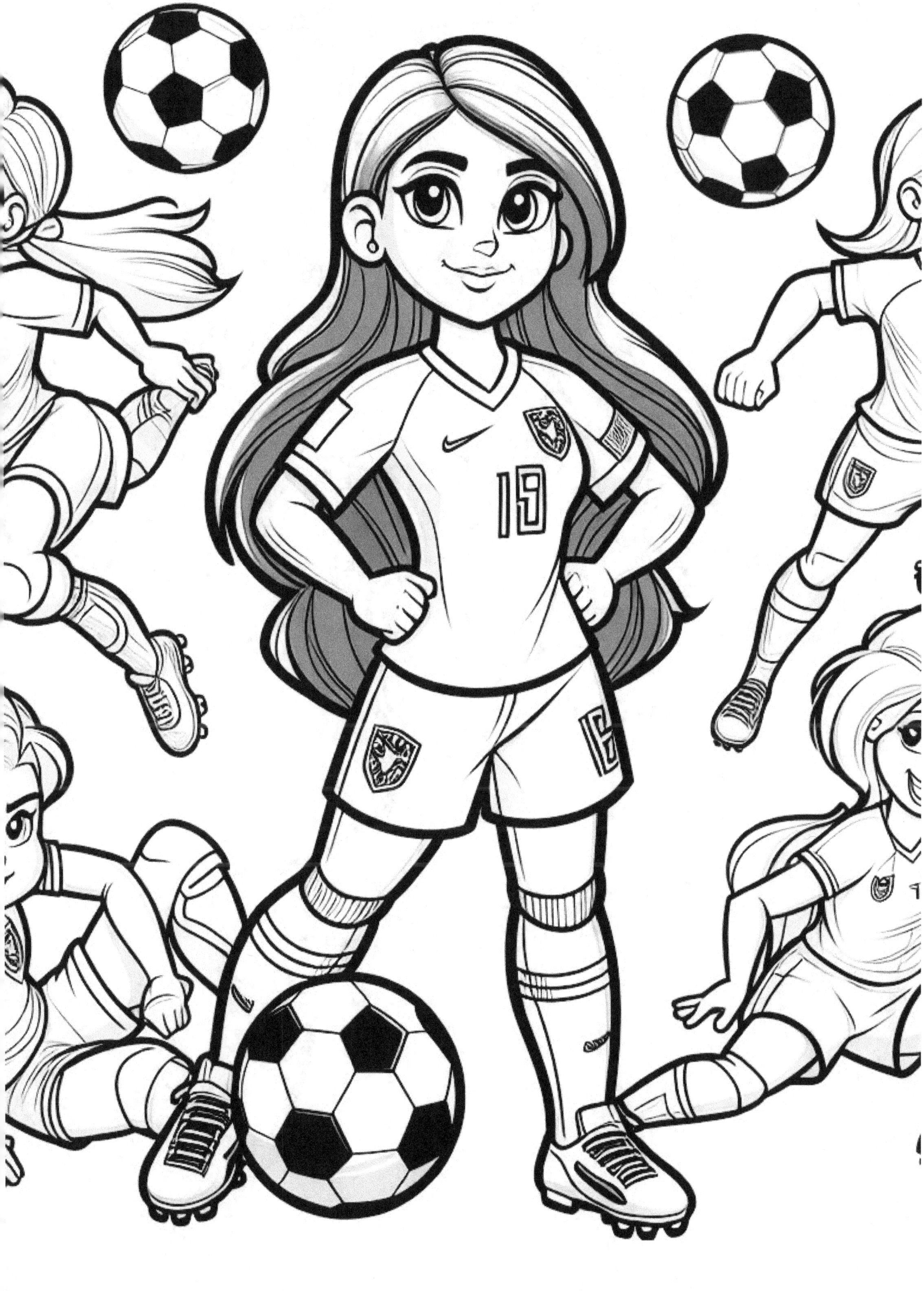

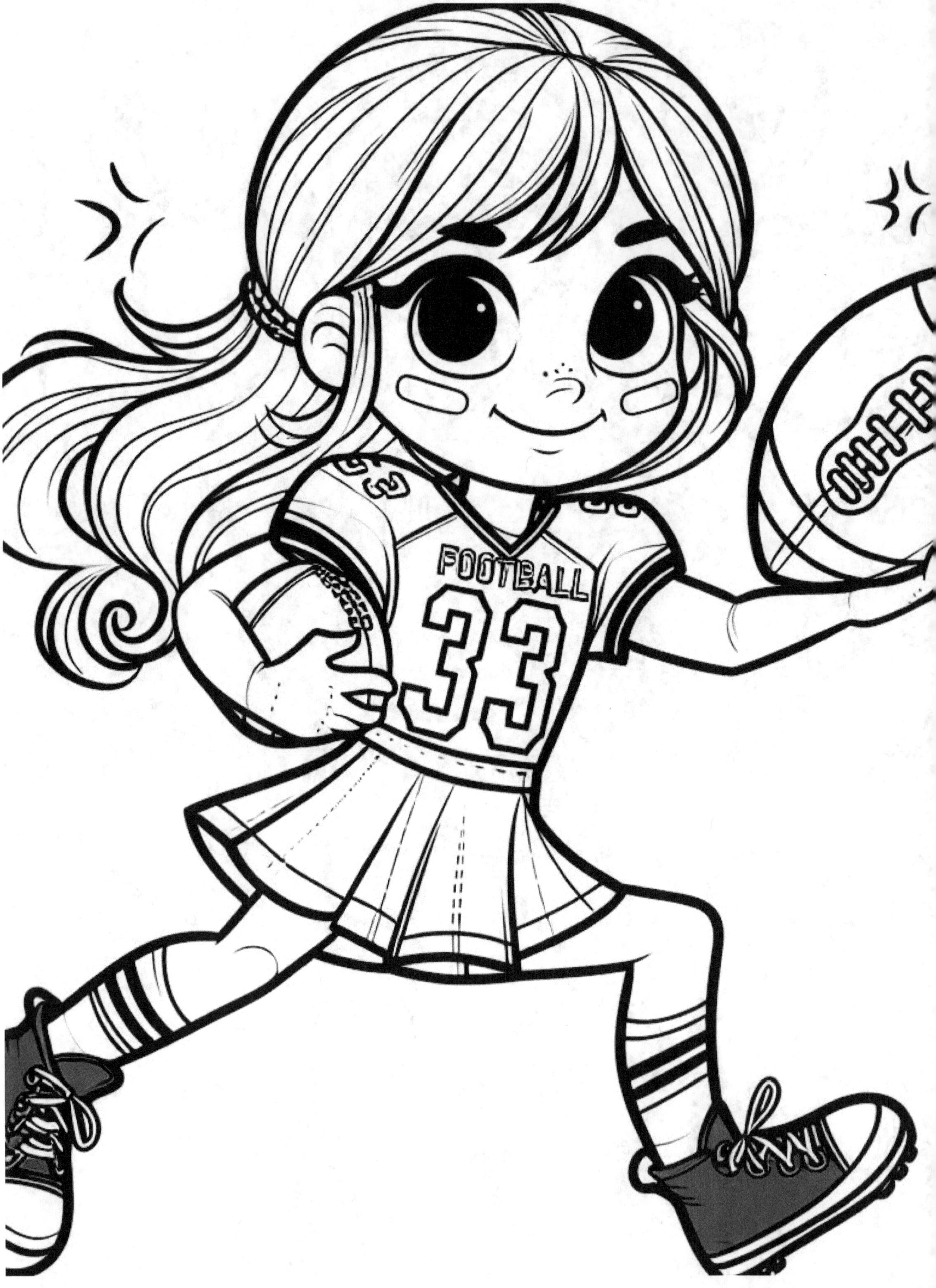
FOOTBALL
33

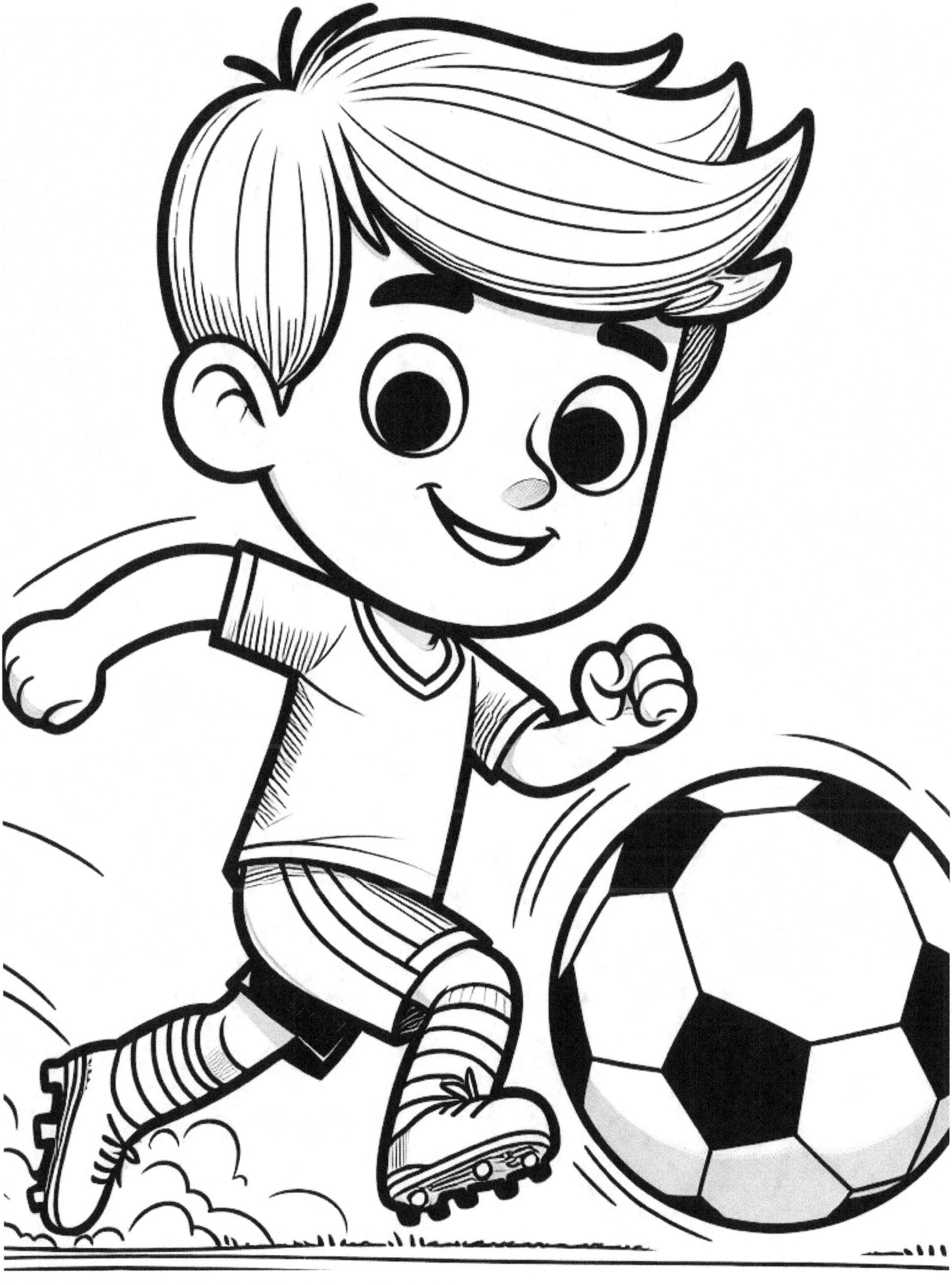

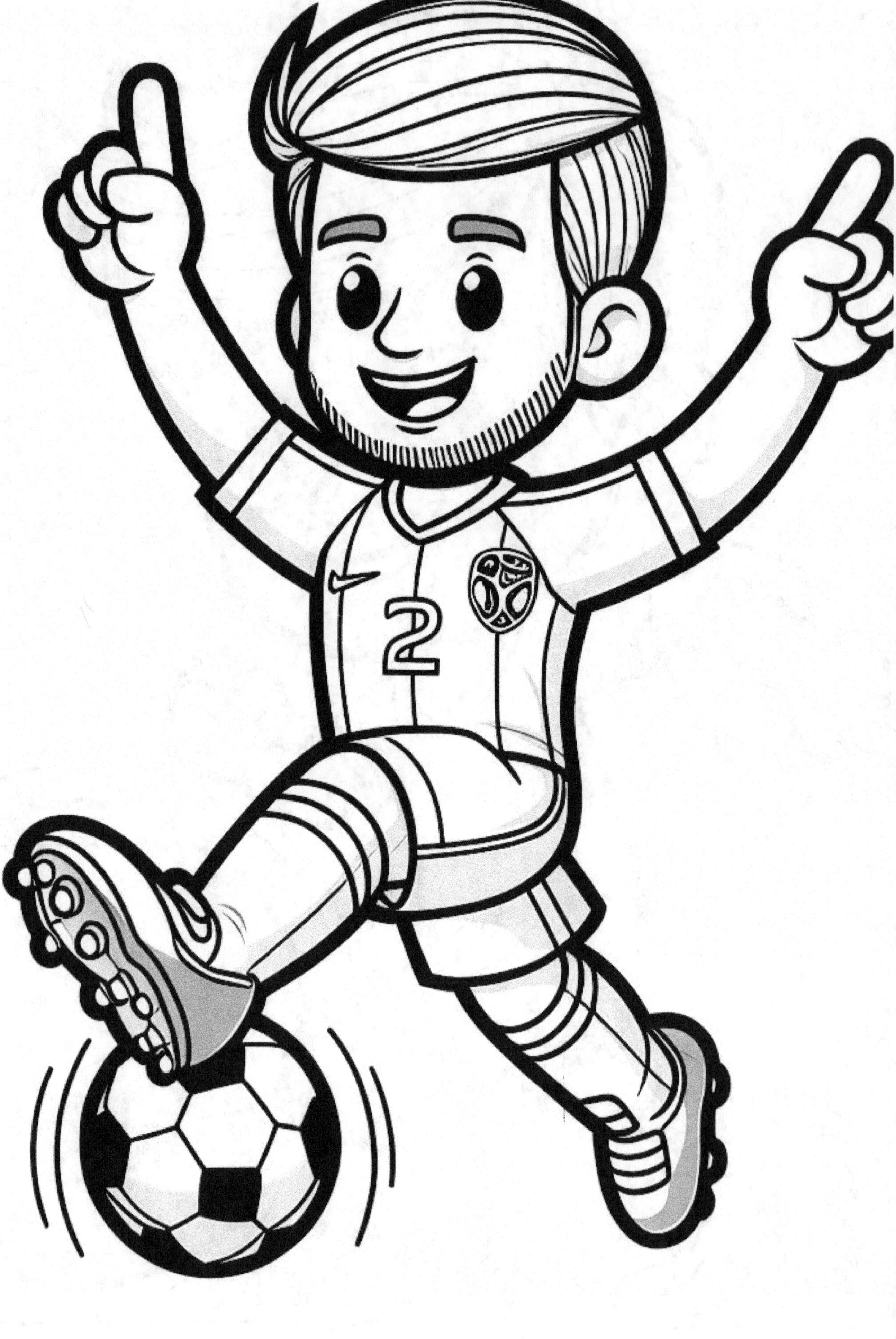
2

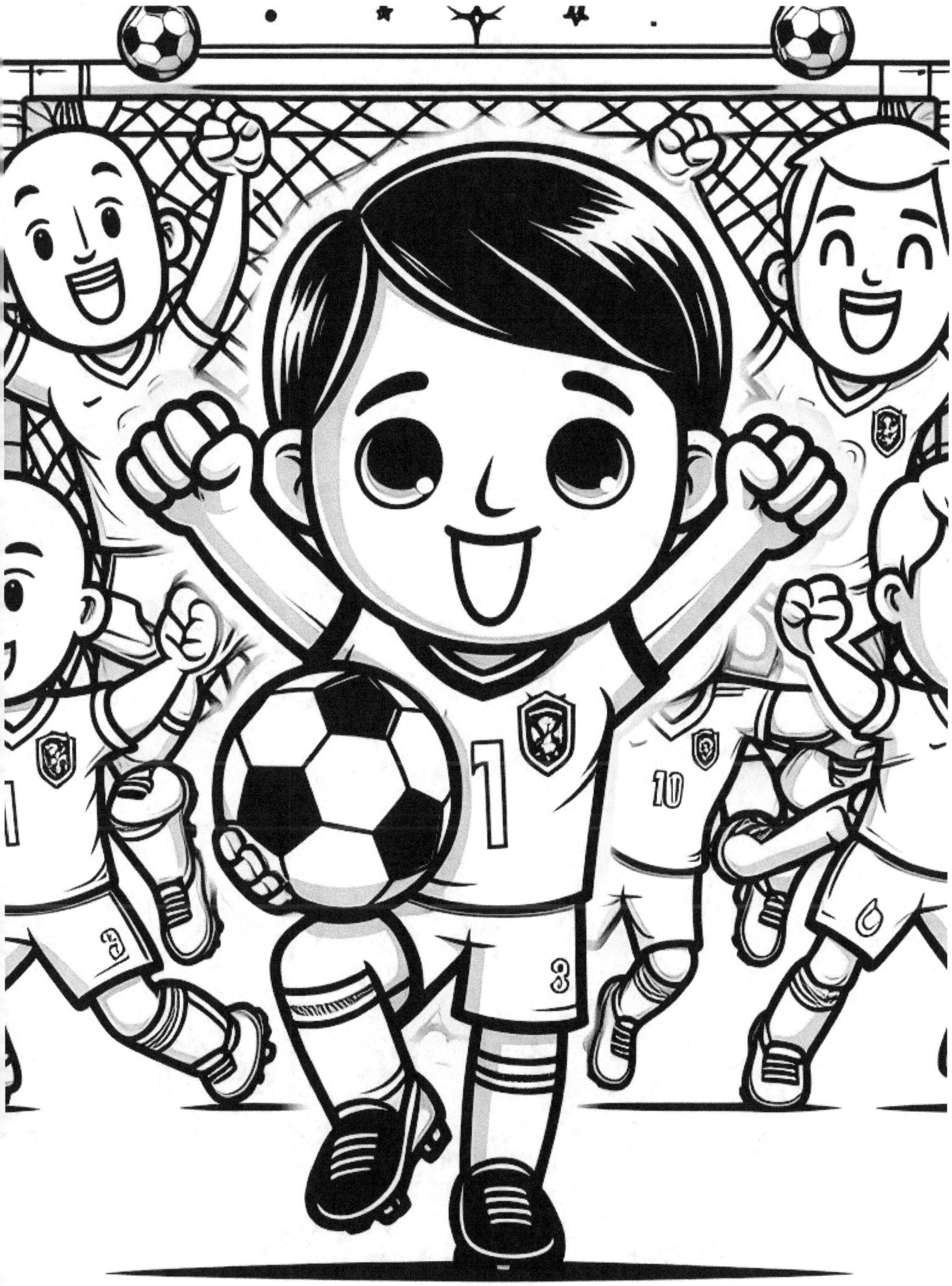

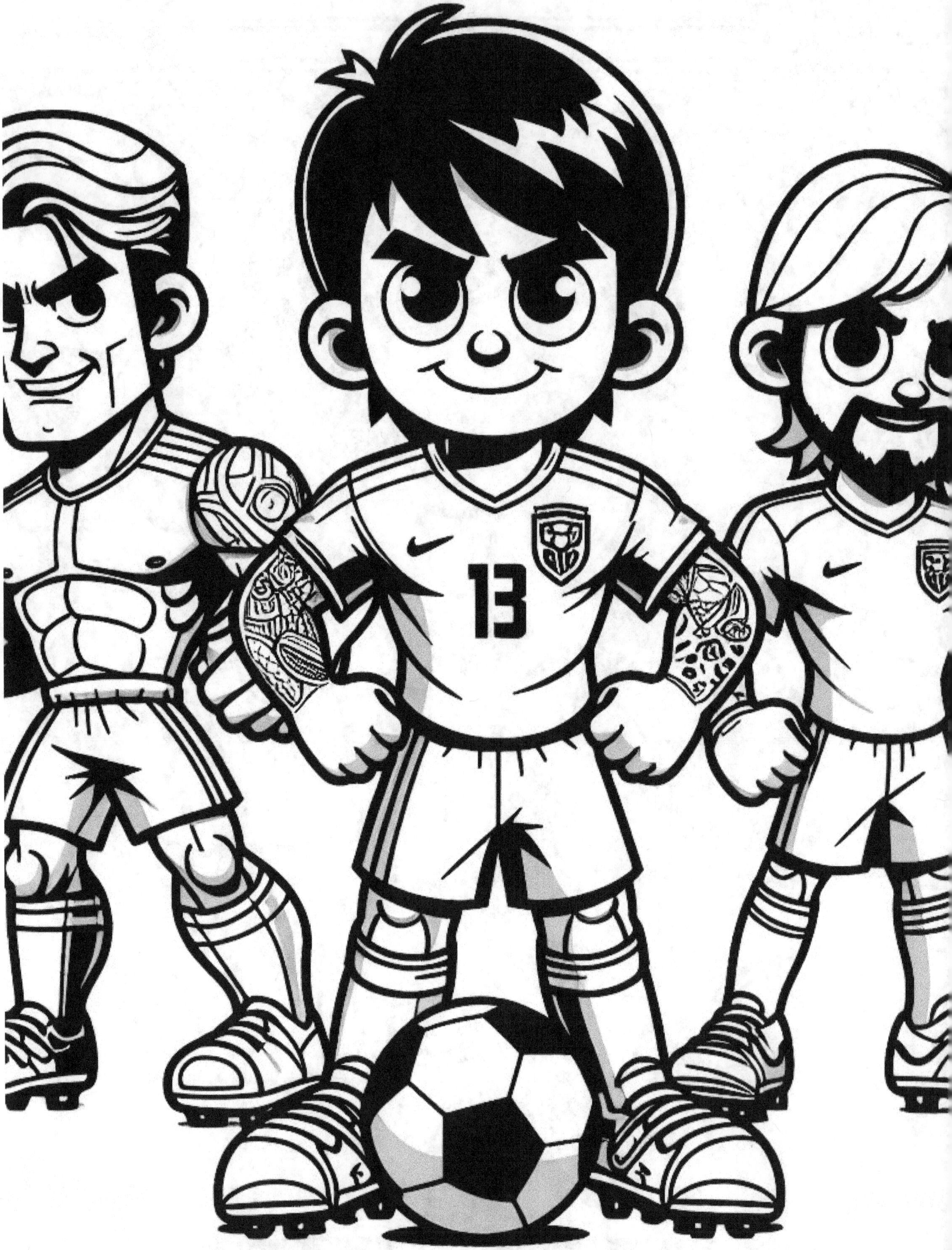
13

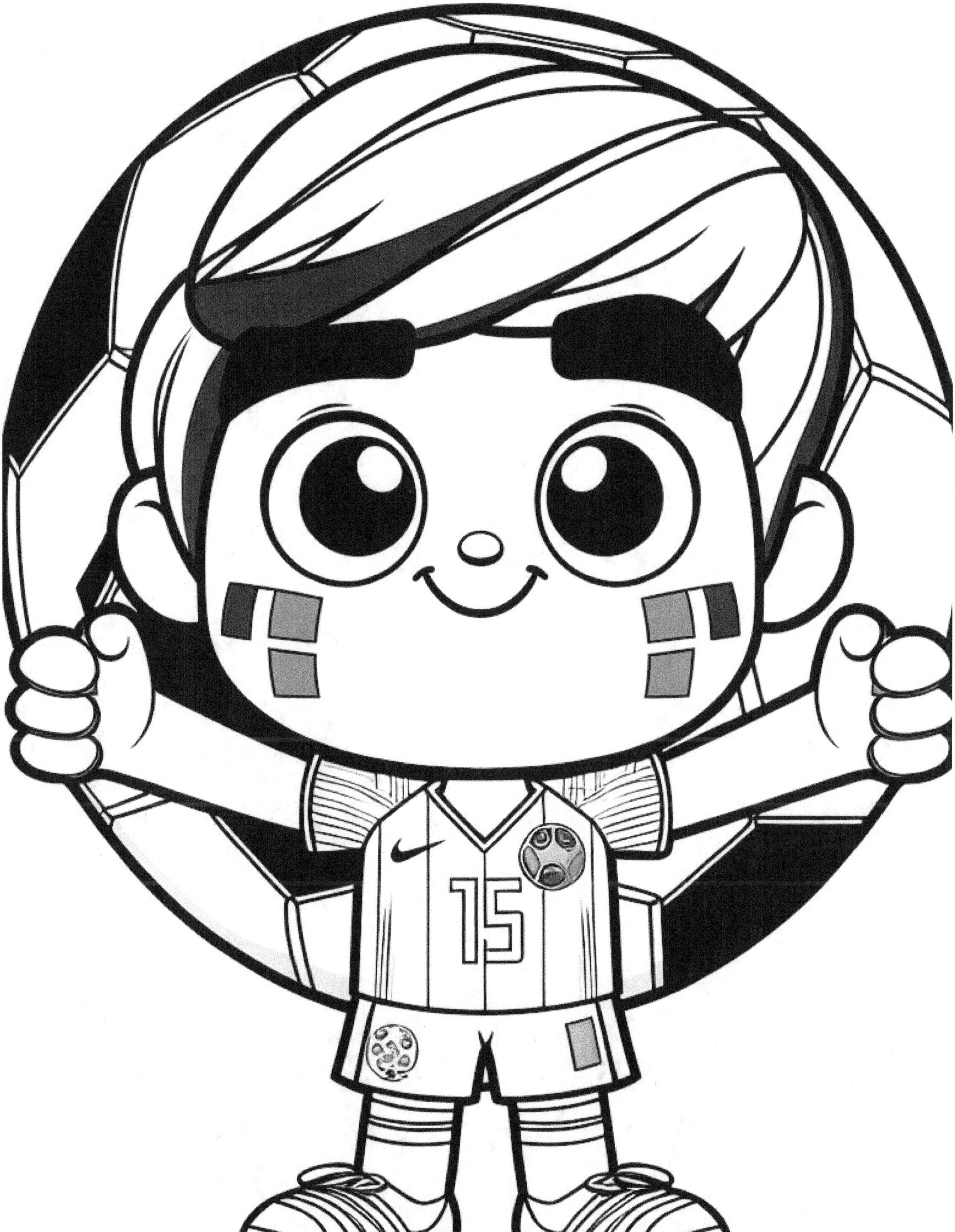
15

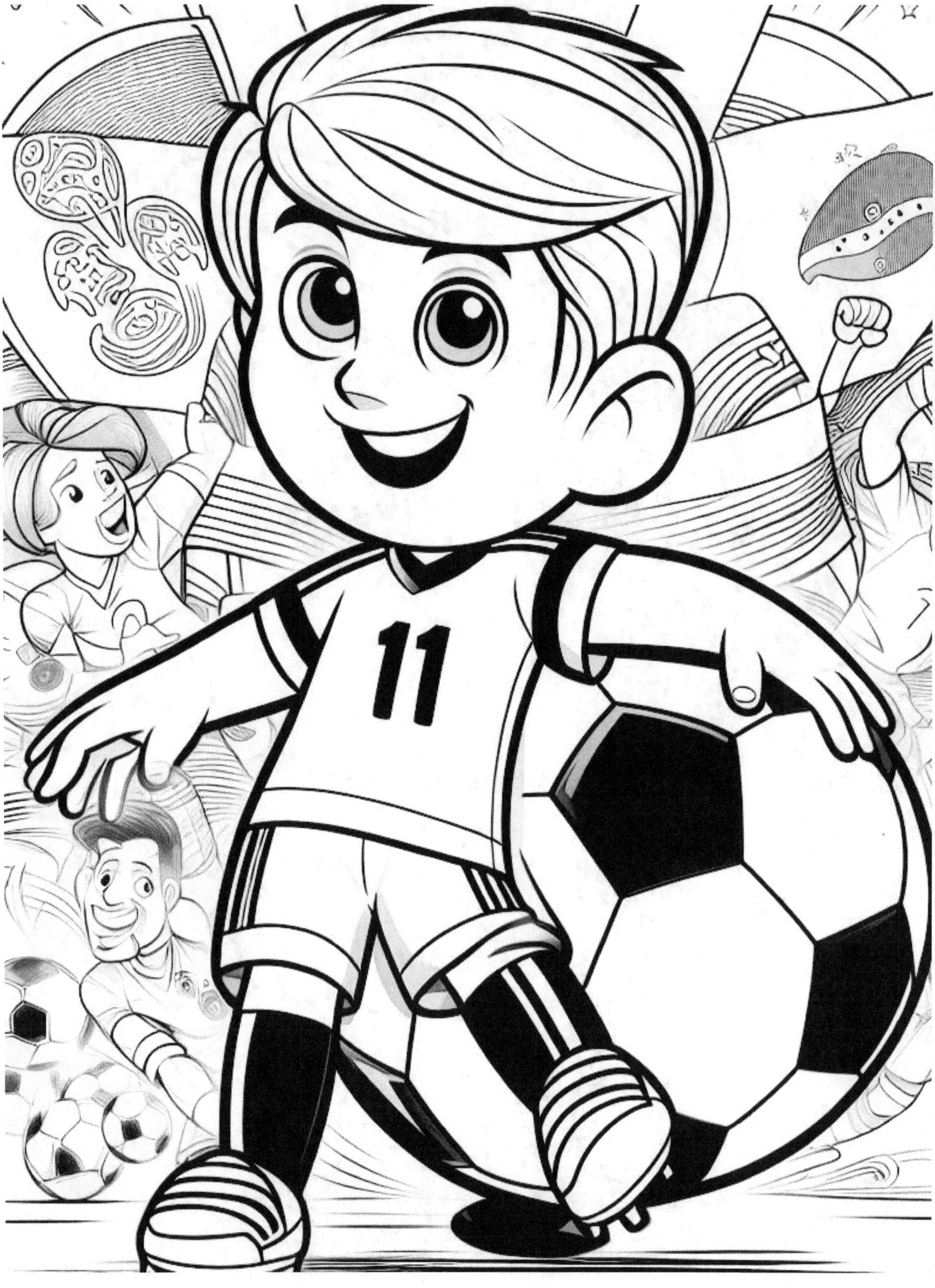
11

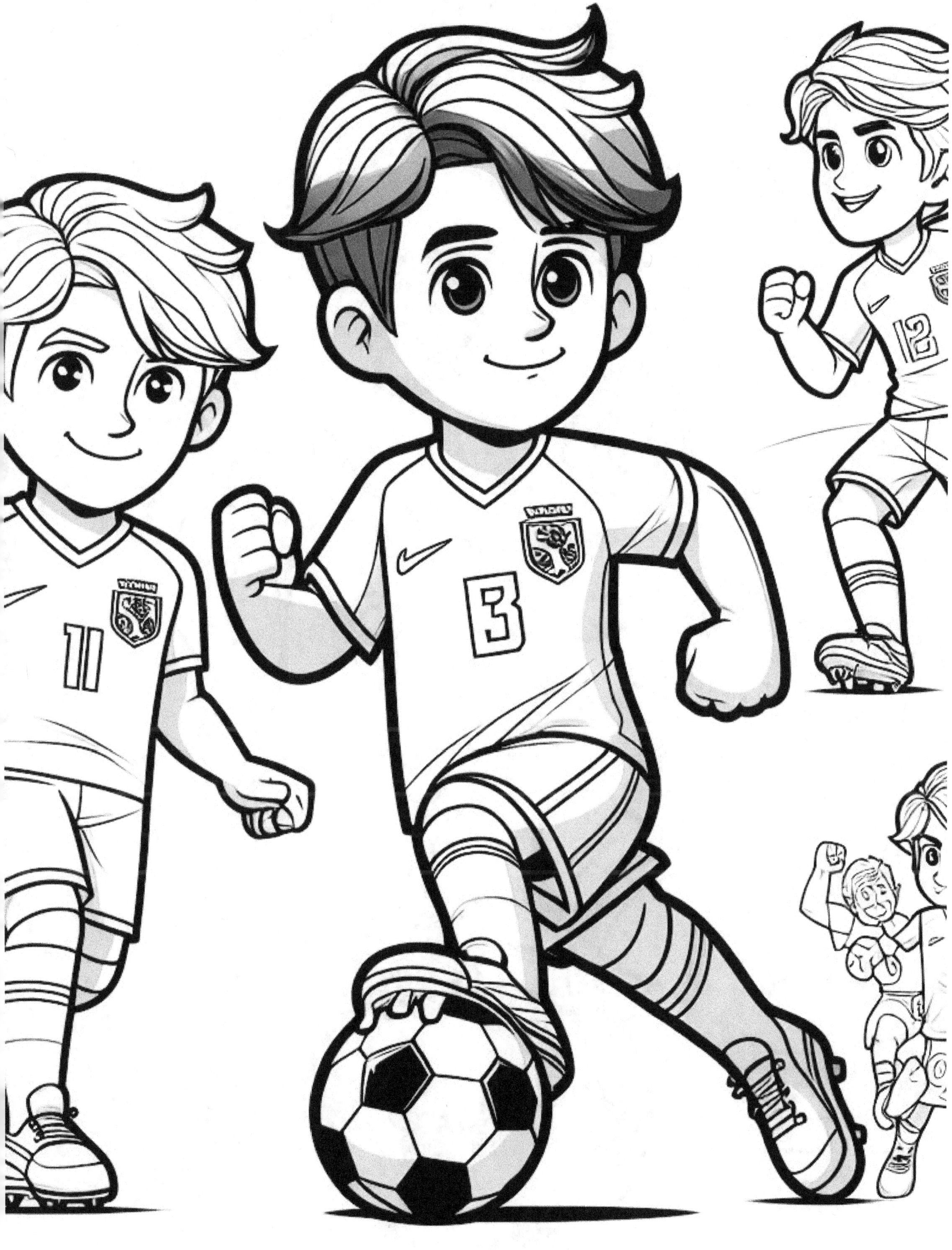

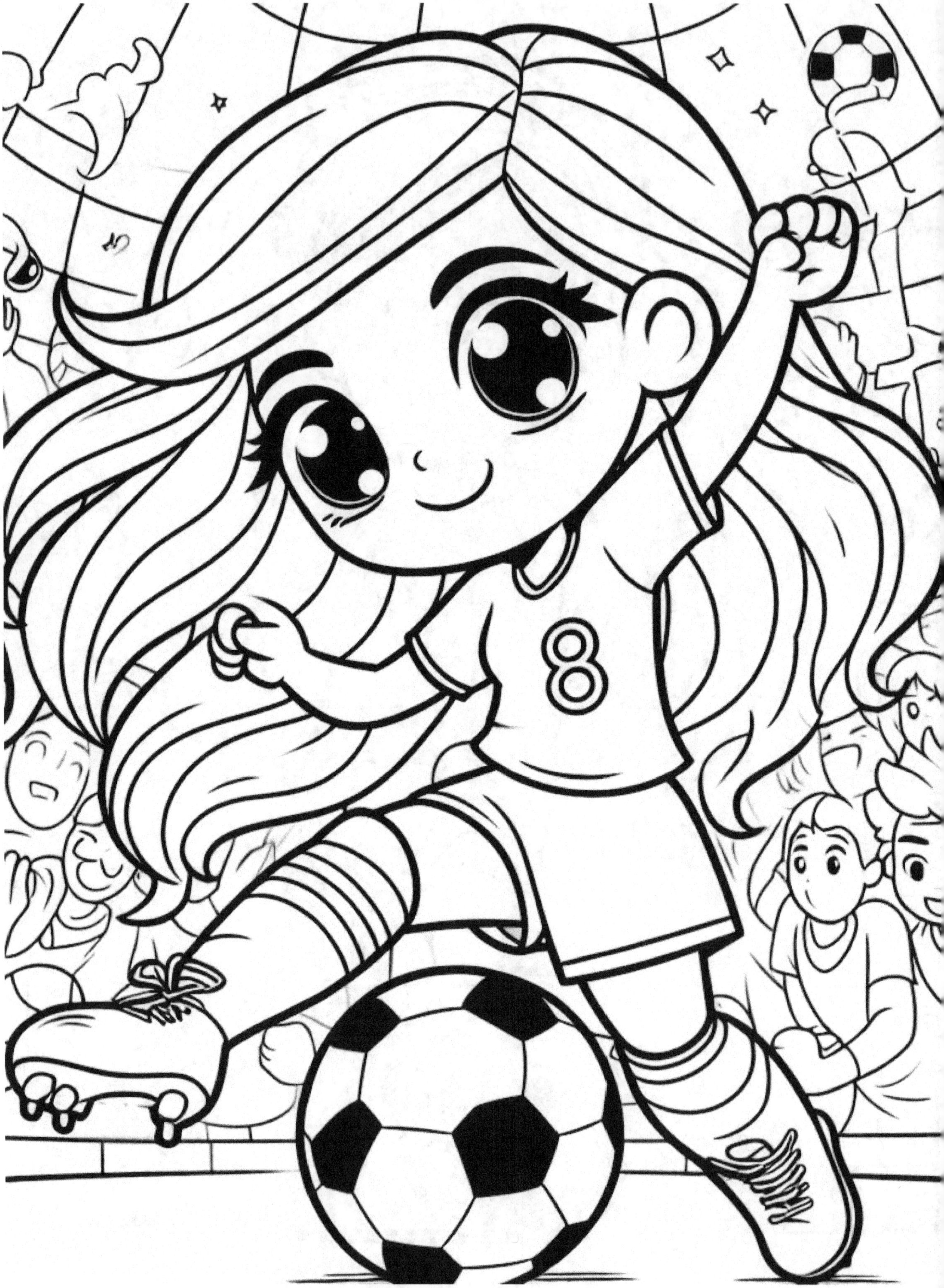
8

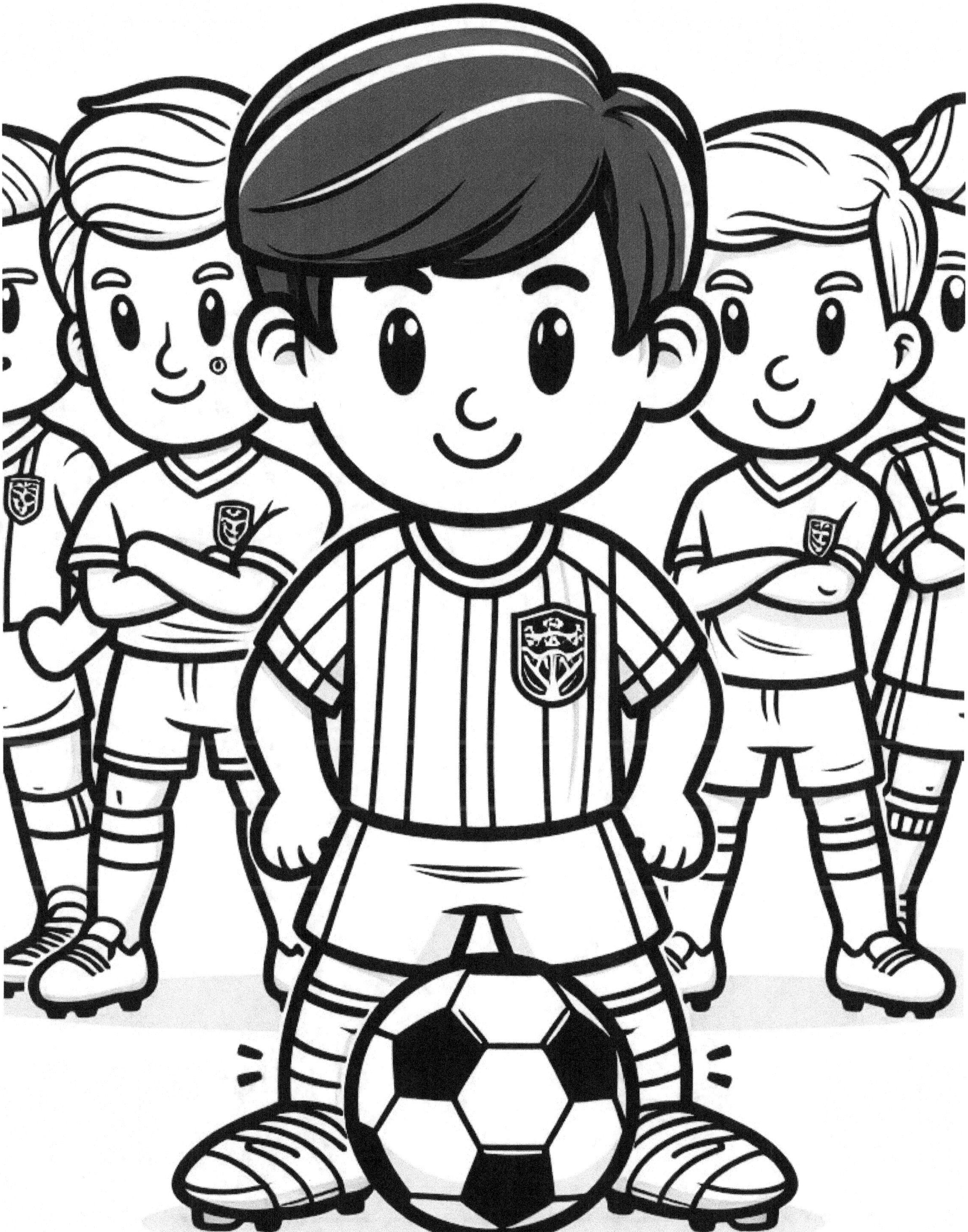

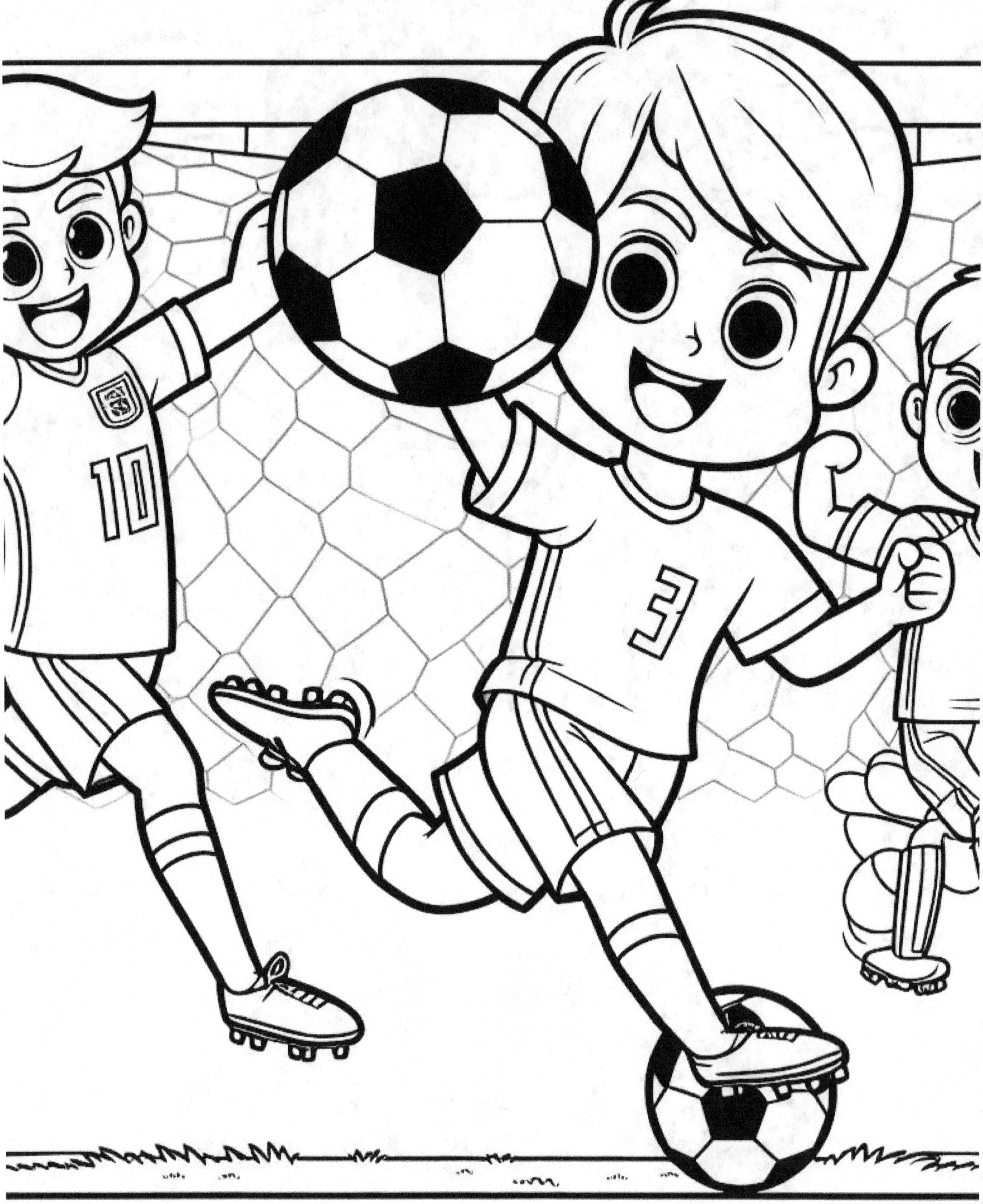
10
3

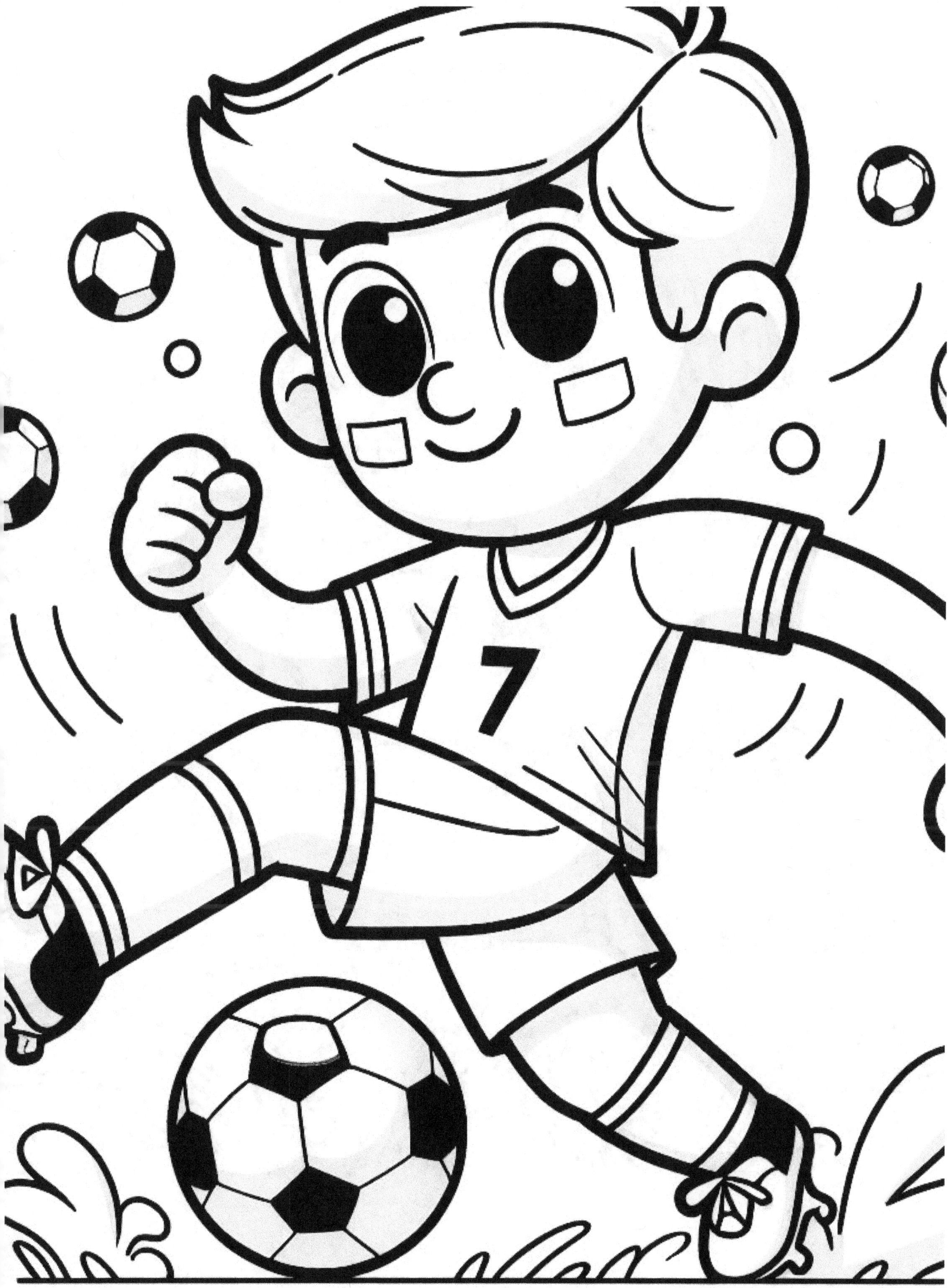
7

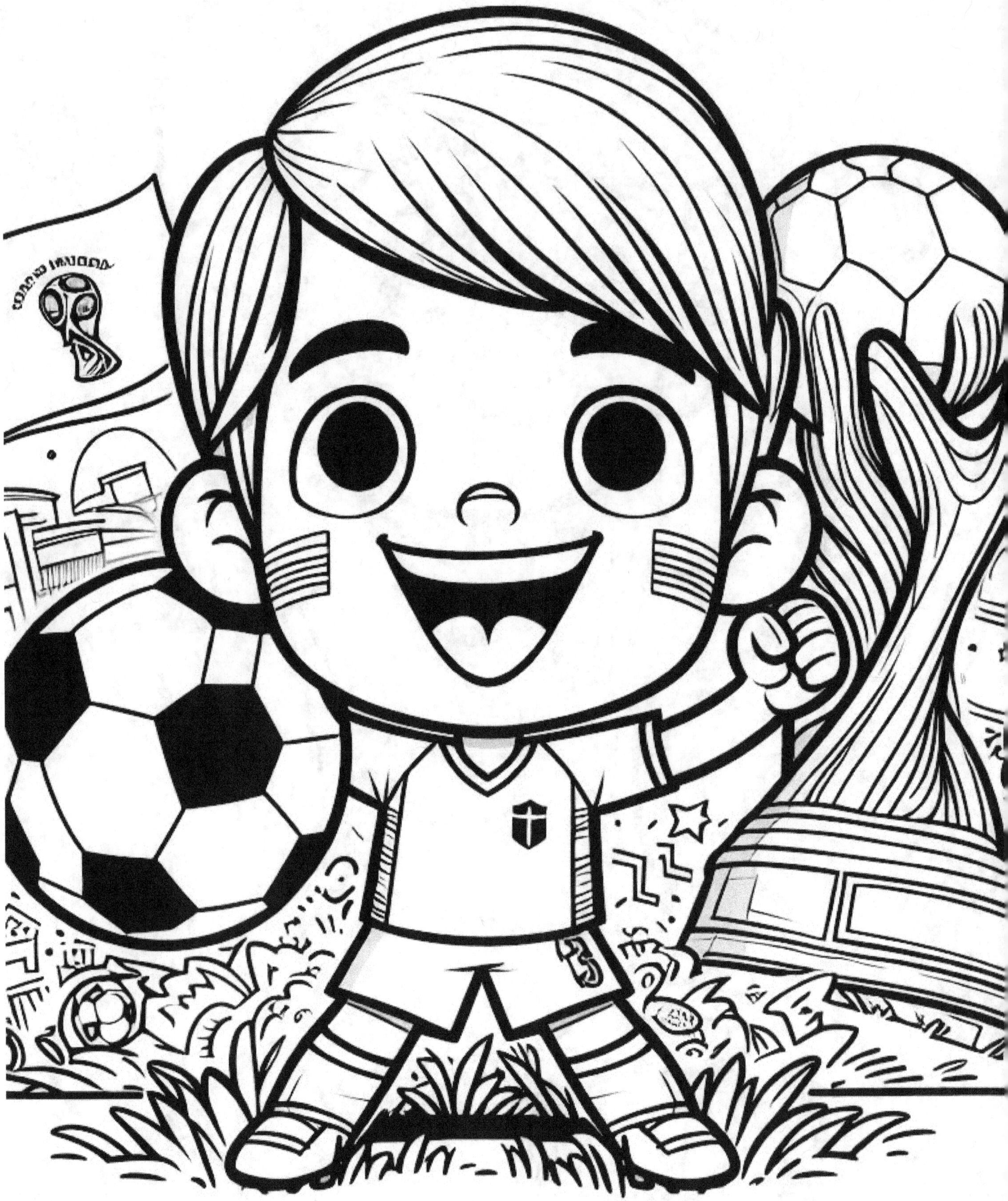

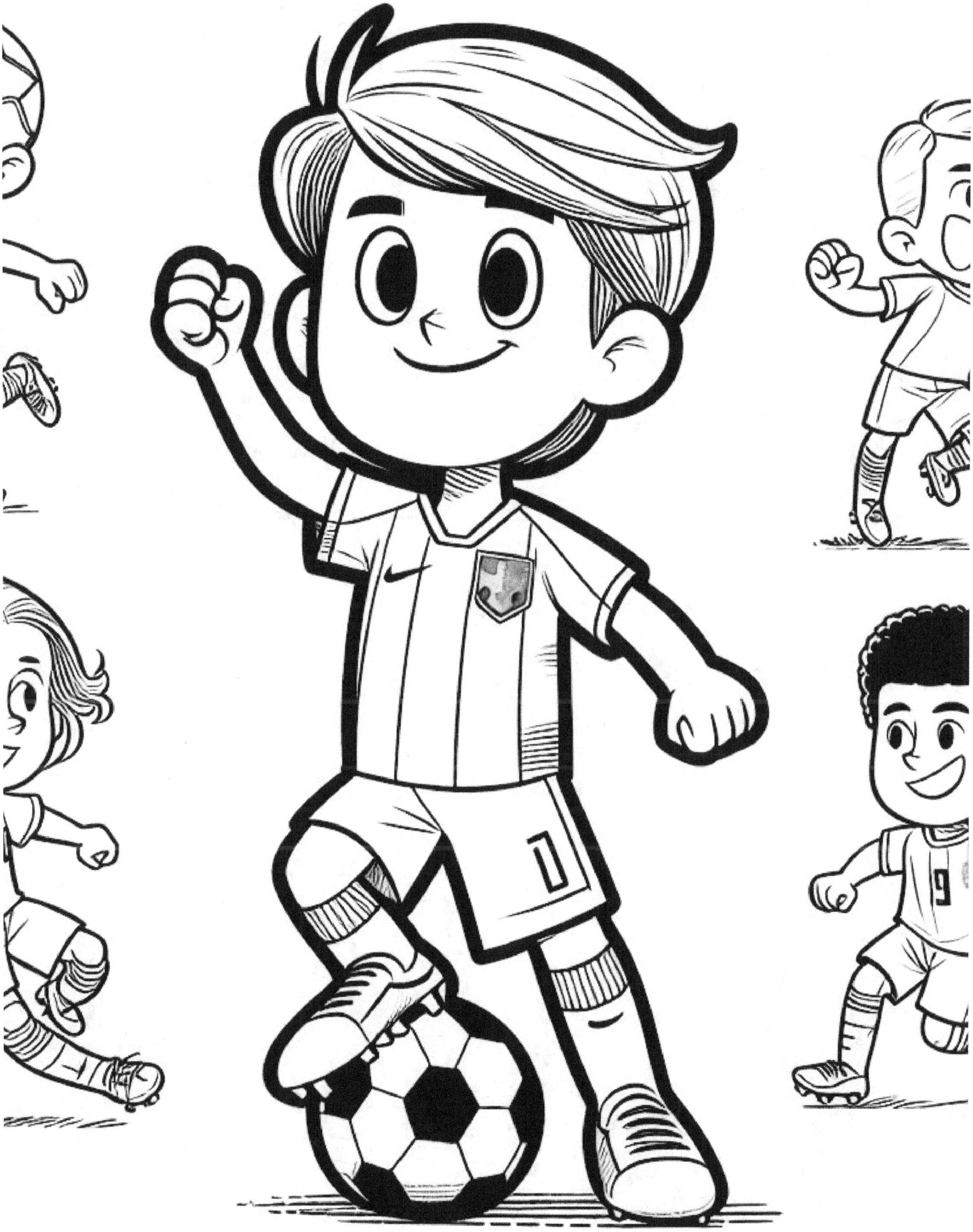

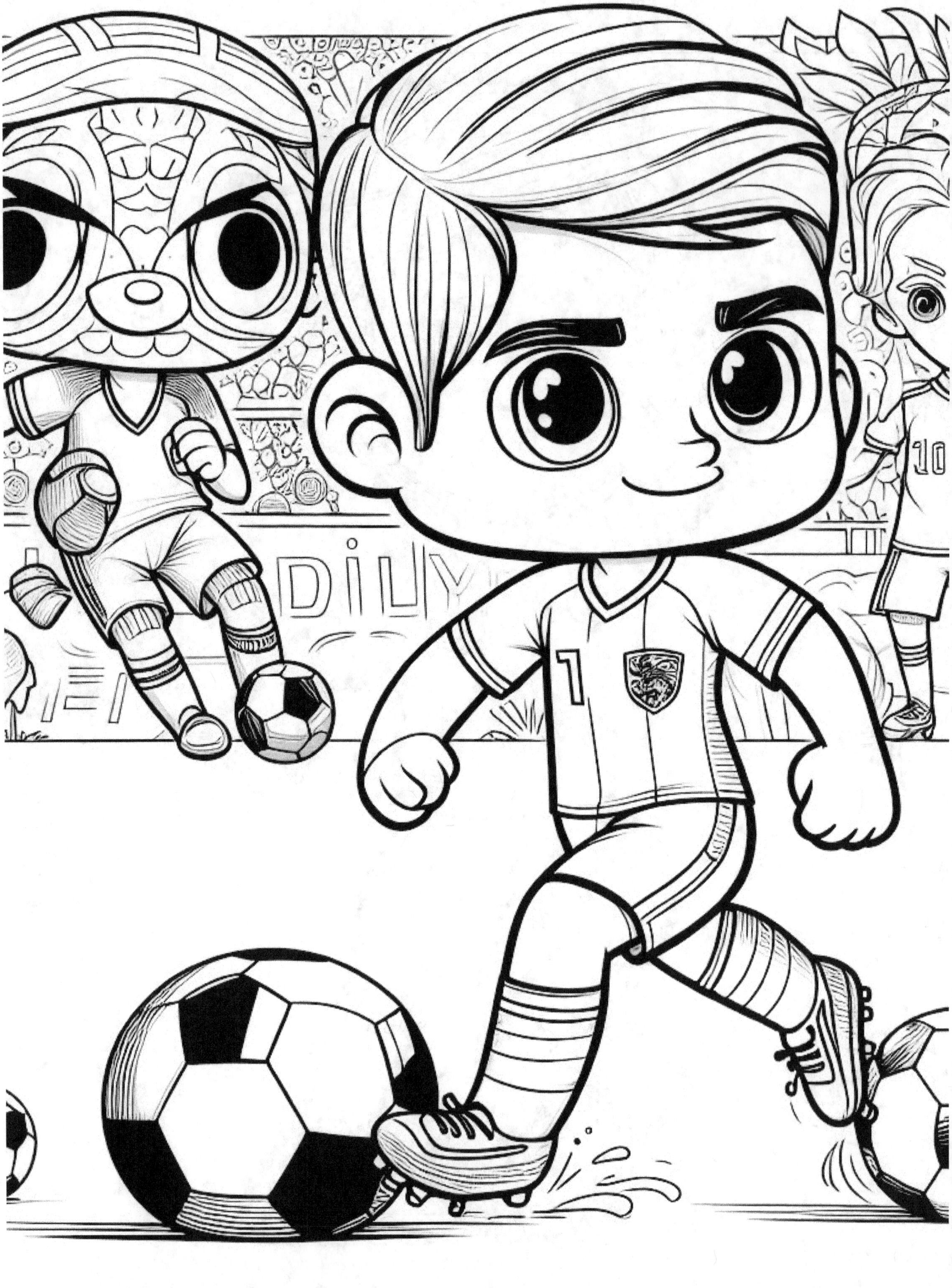
DİLY

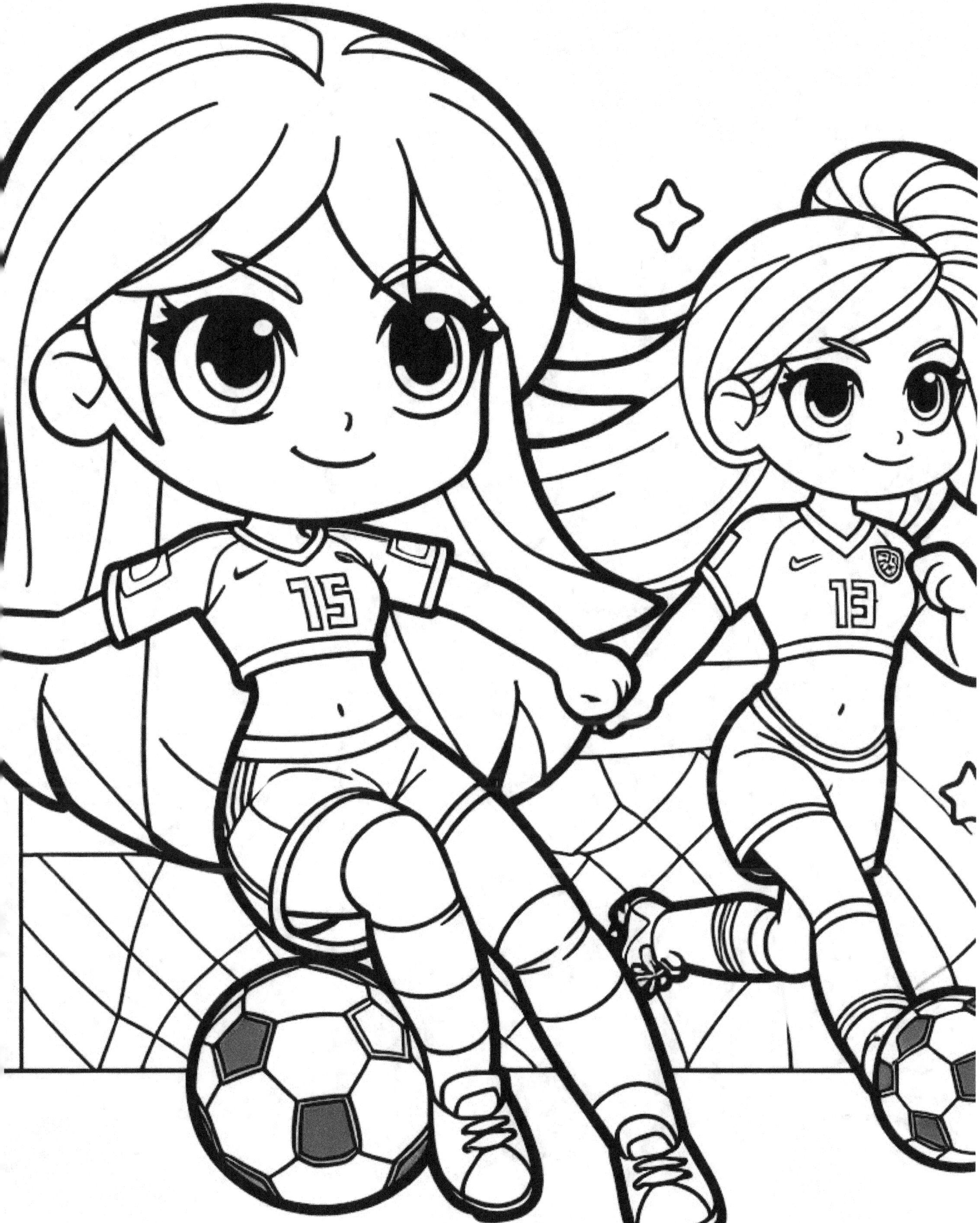
15
13

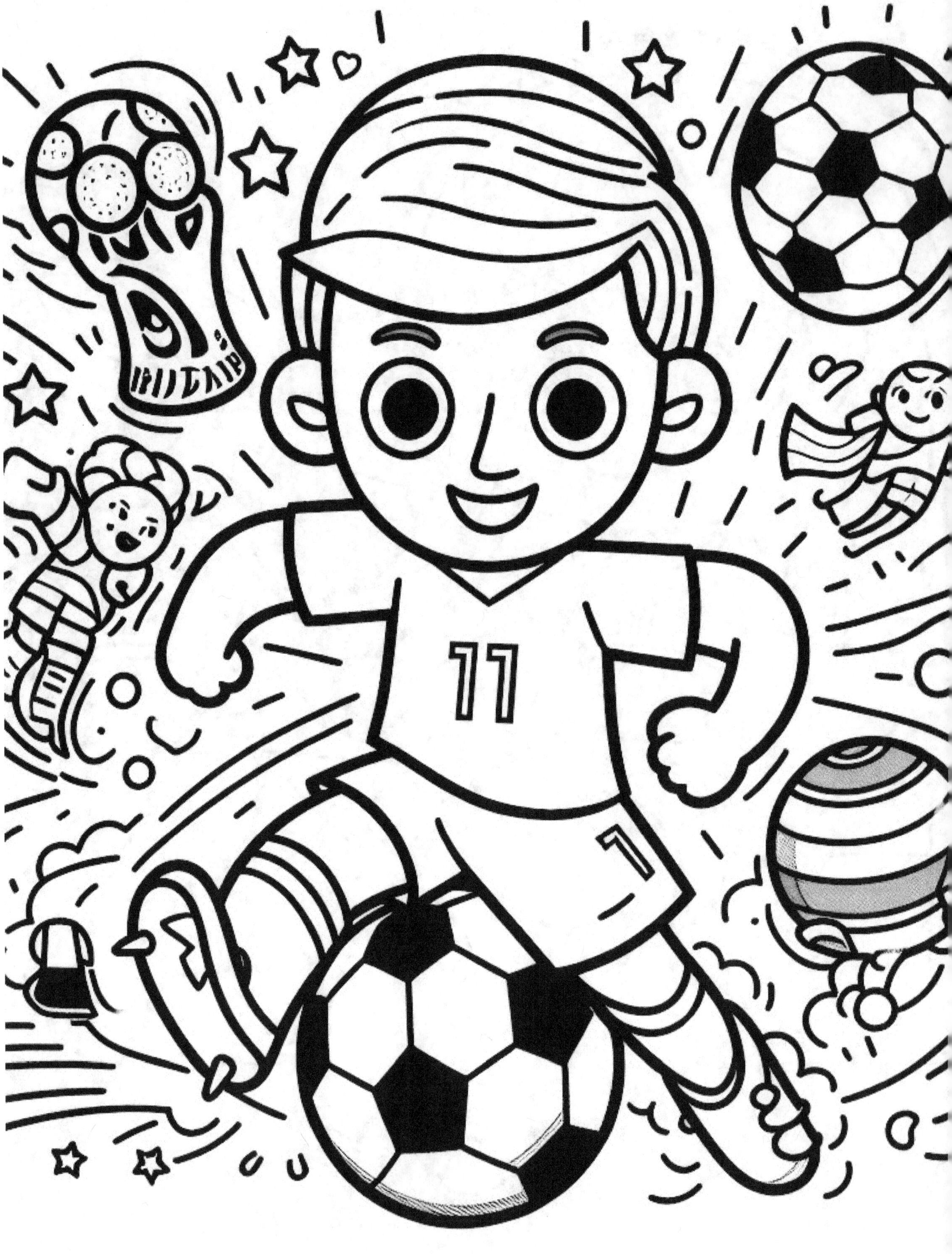
11

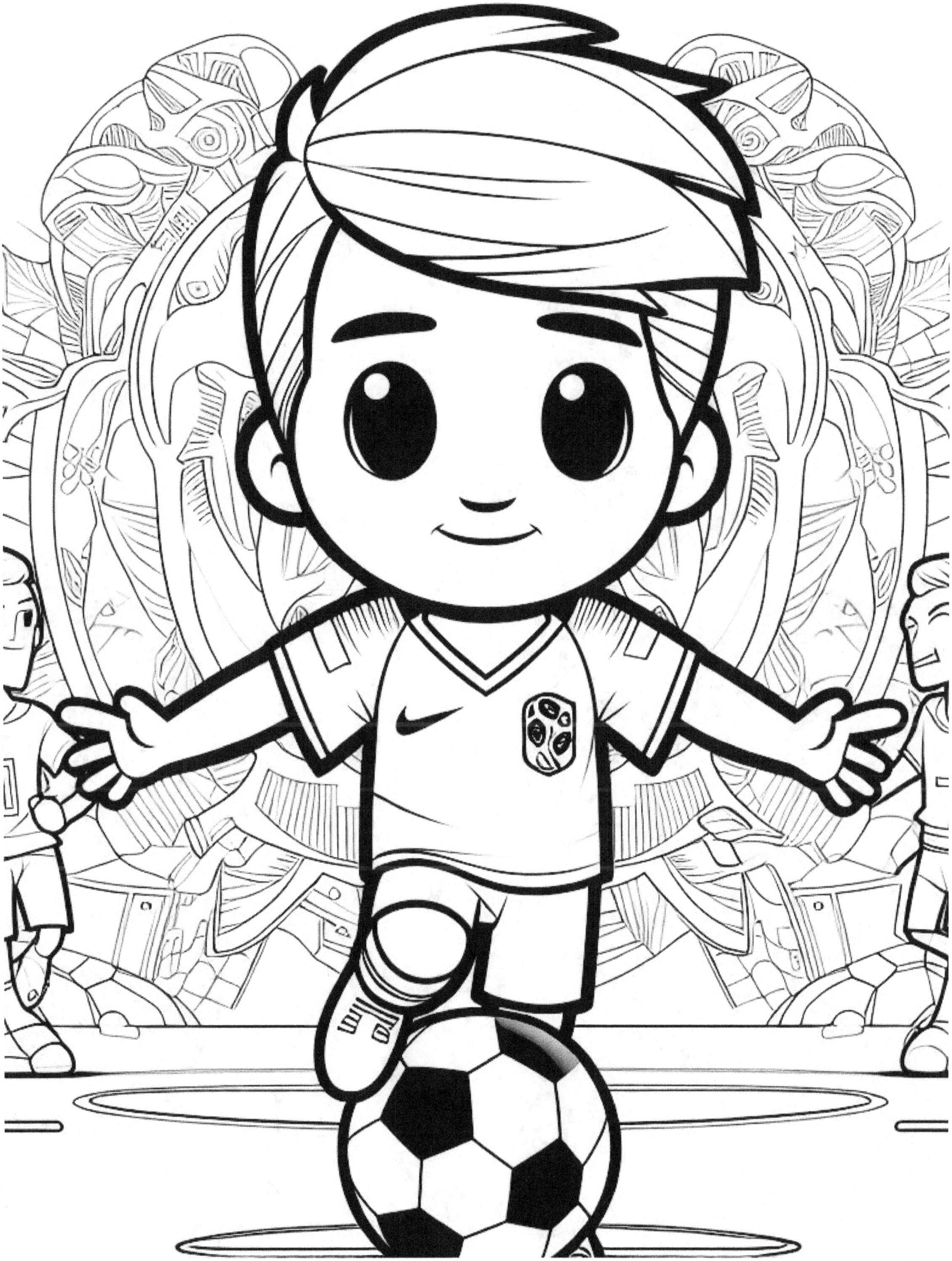

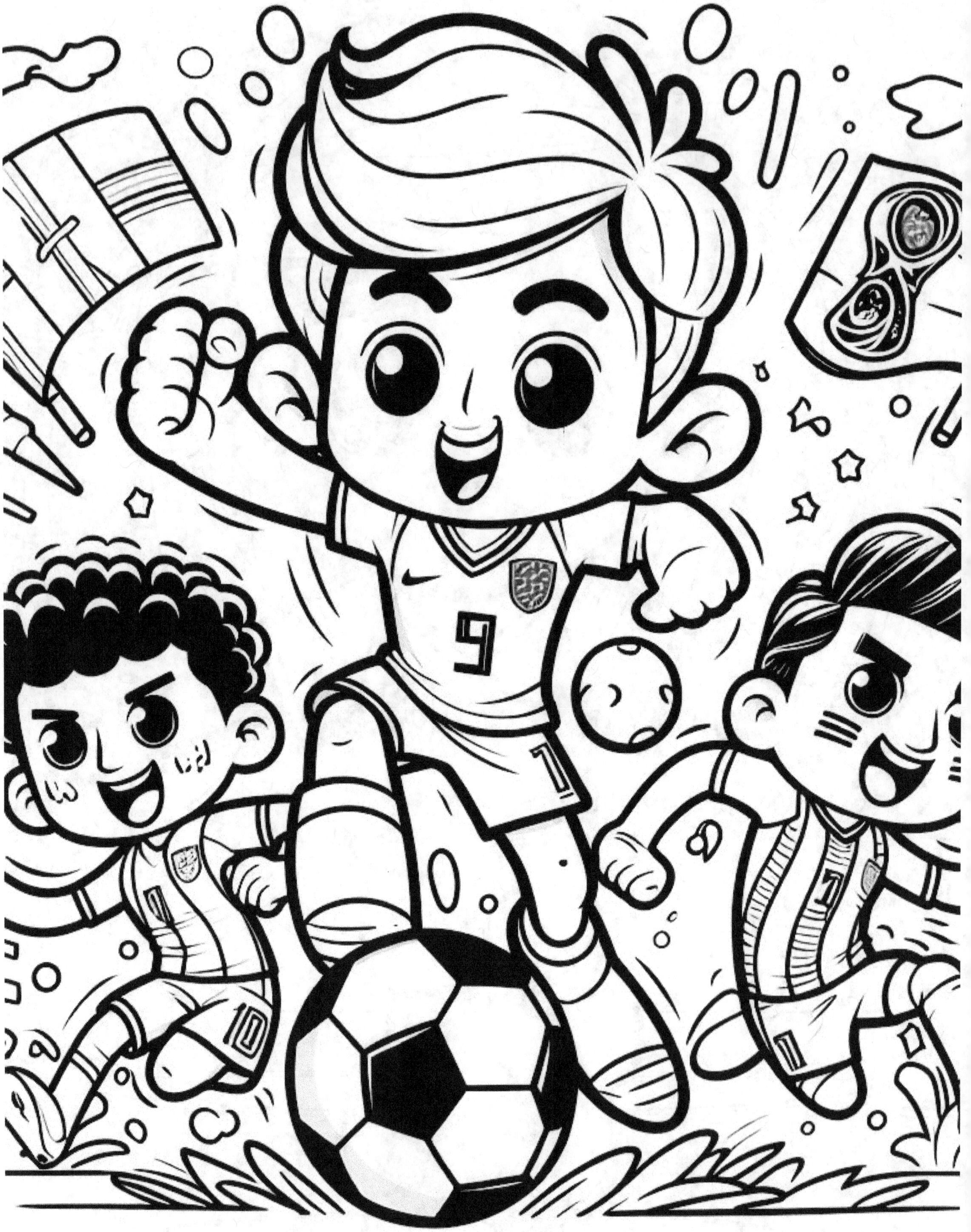

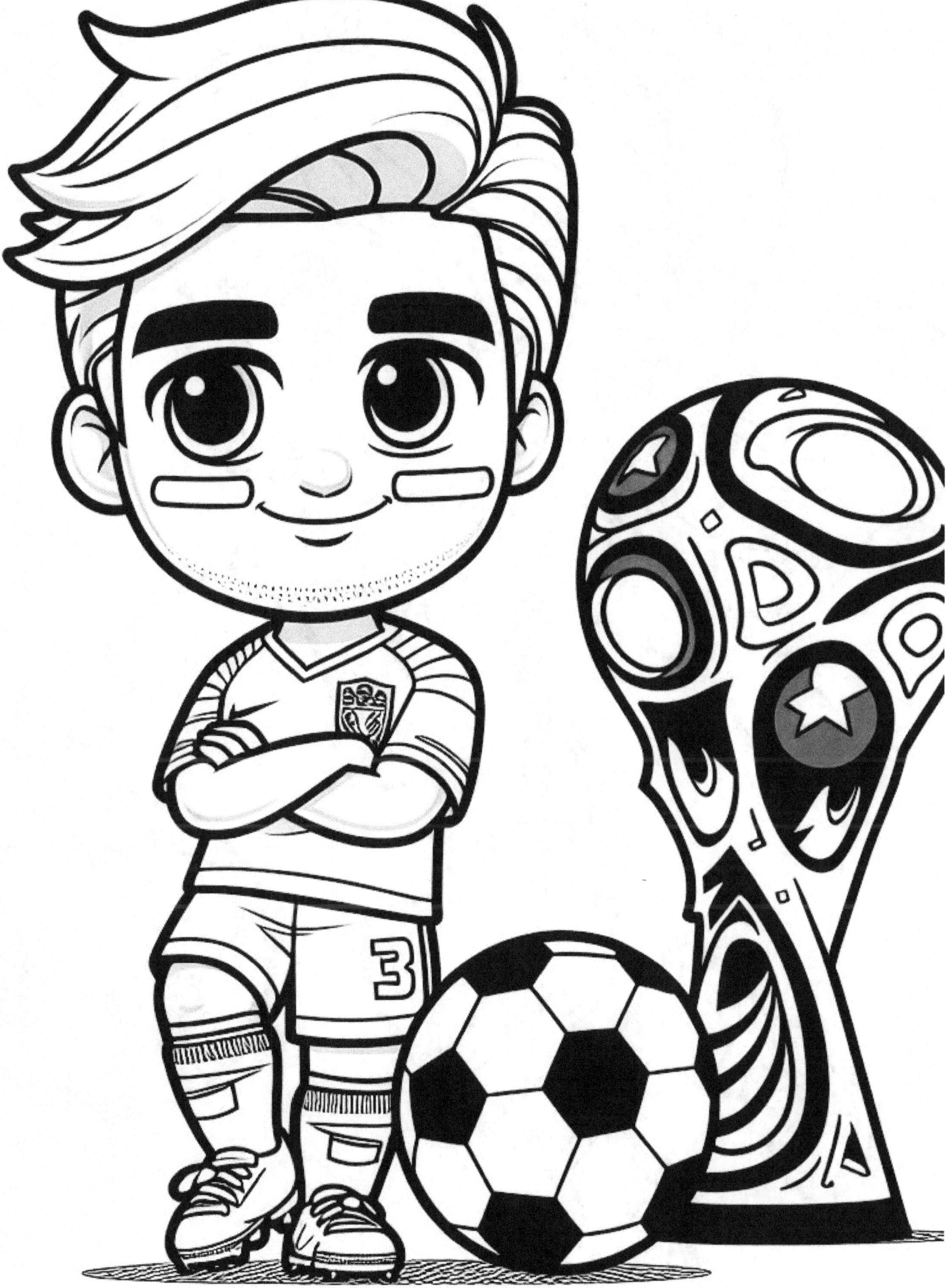
3

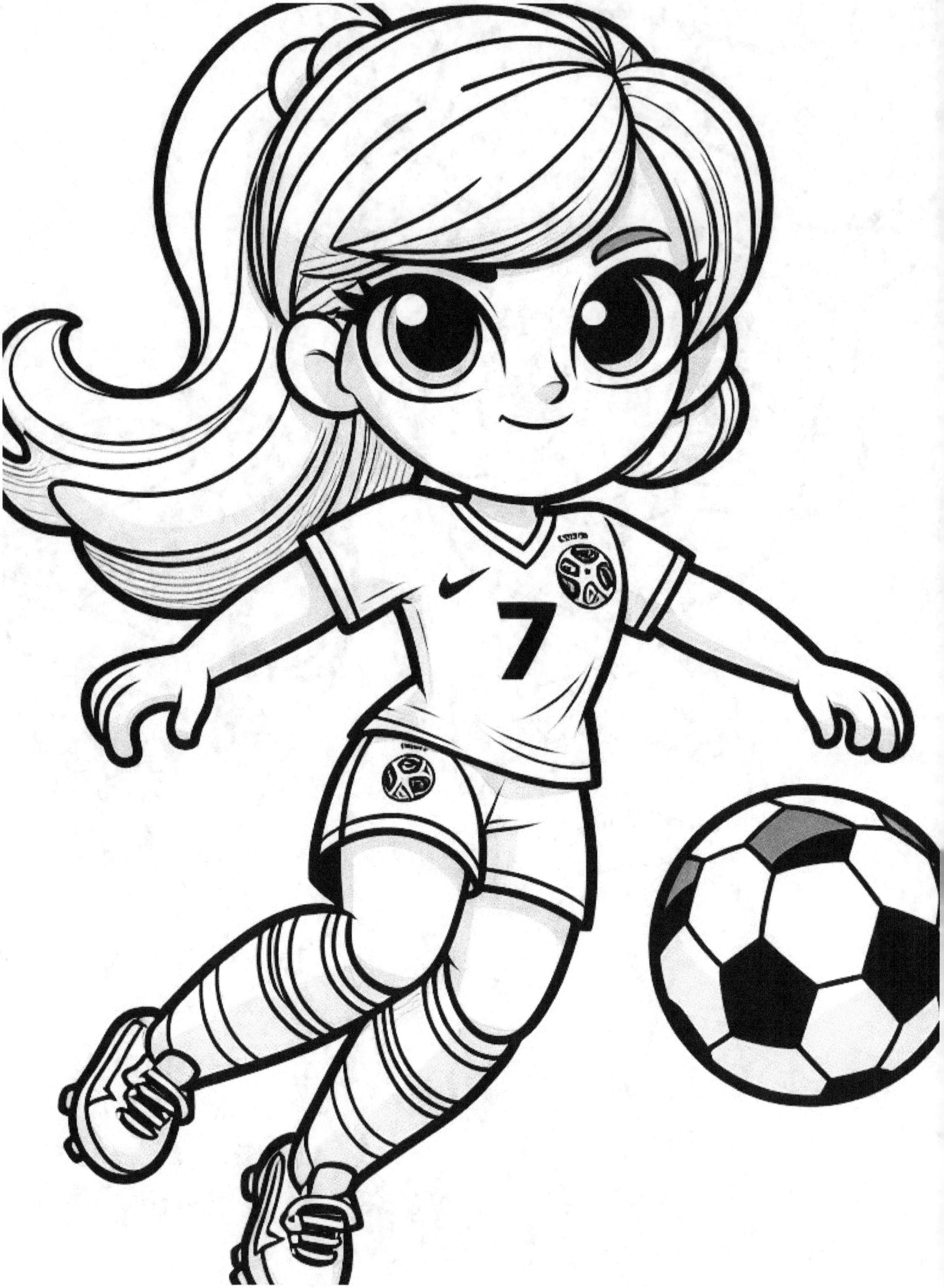
7

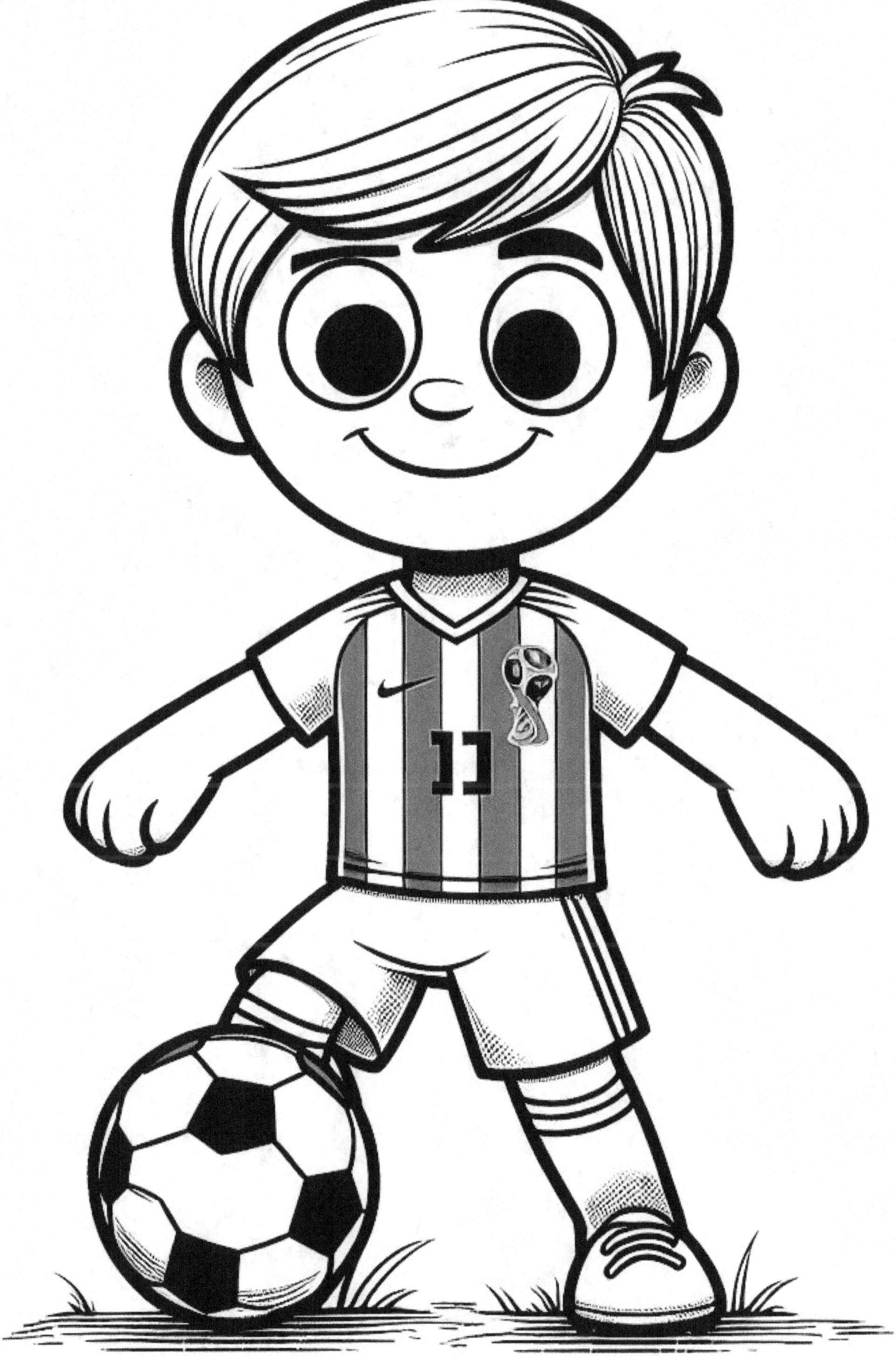

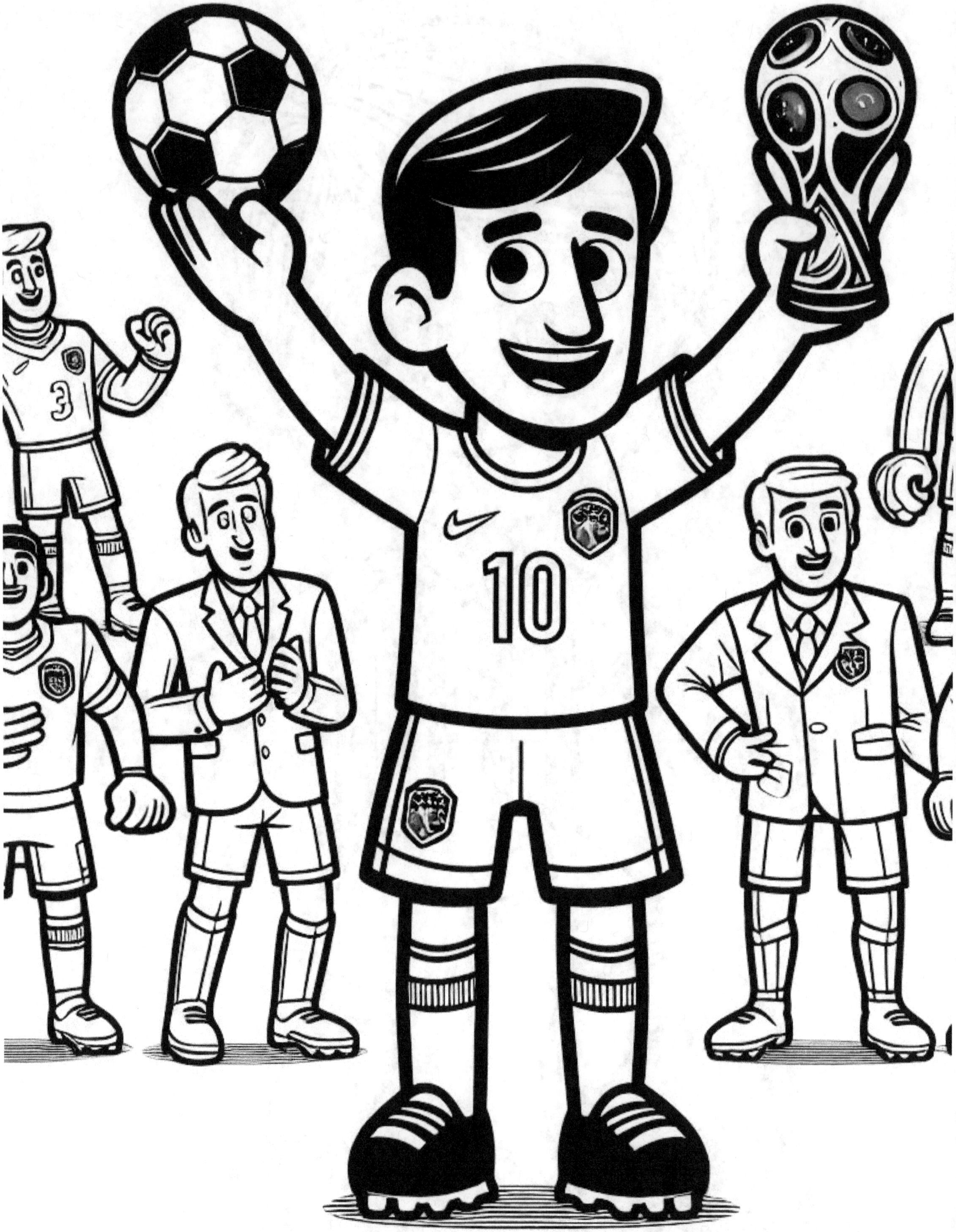
10
3

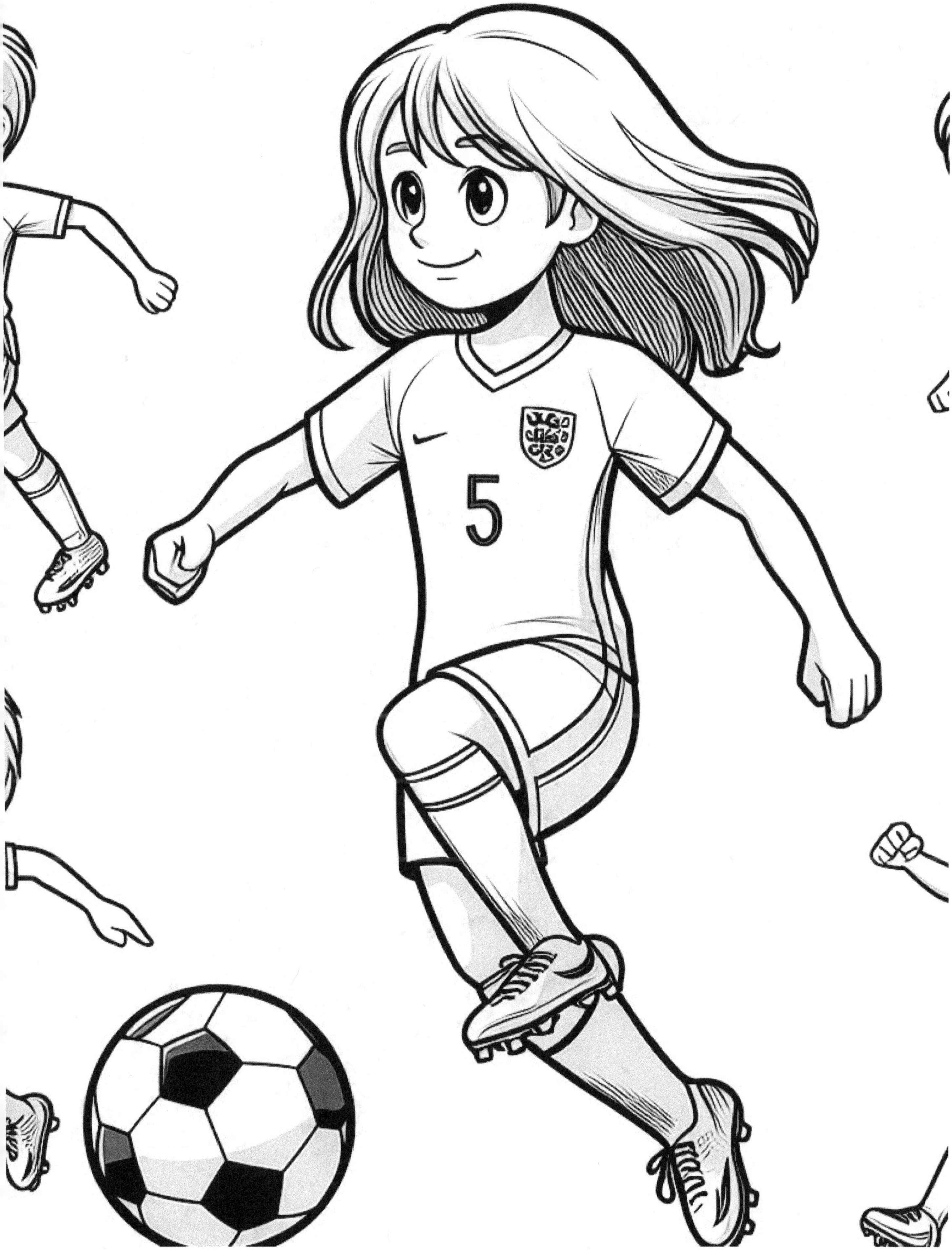
5

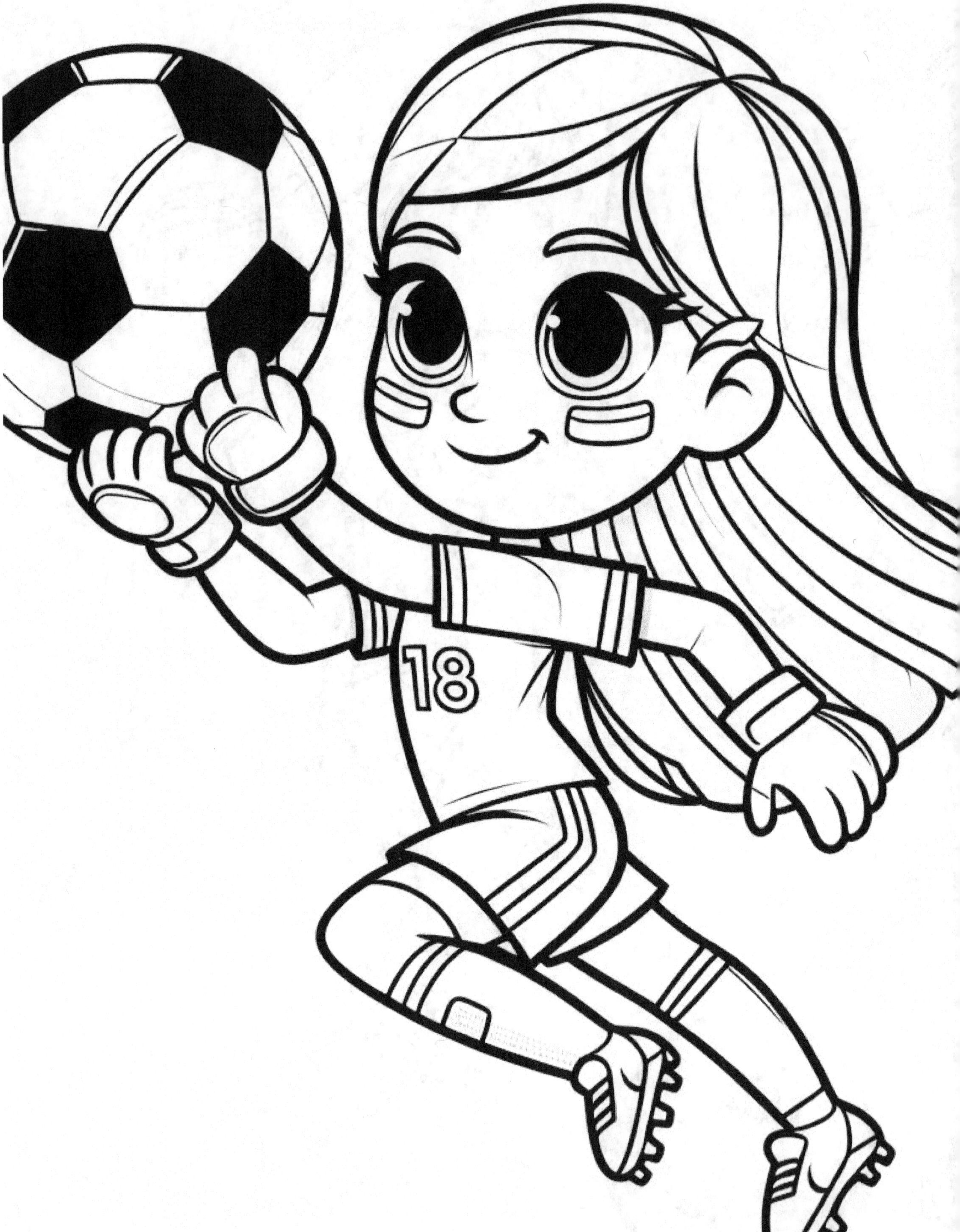
18

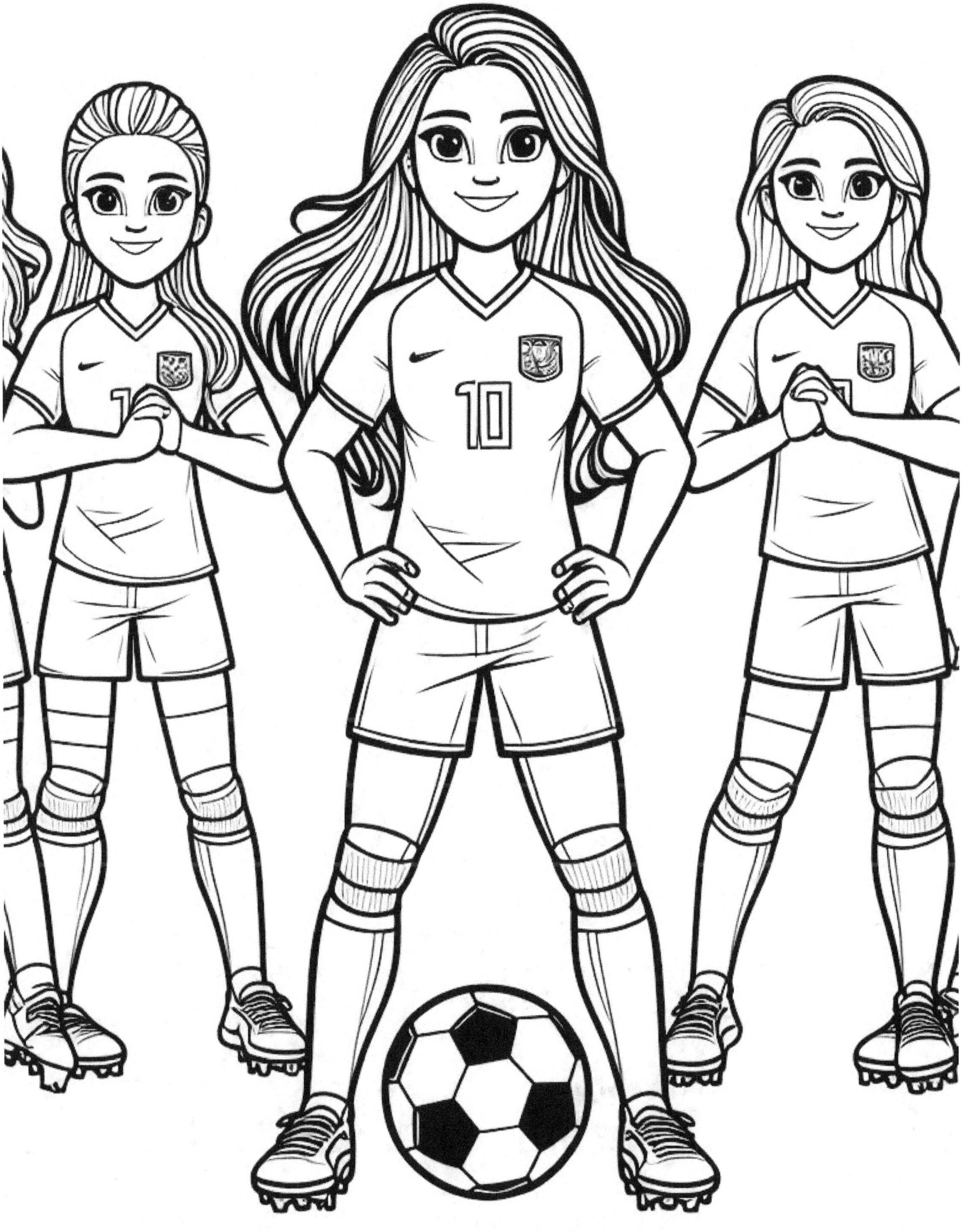
10

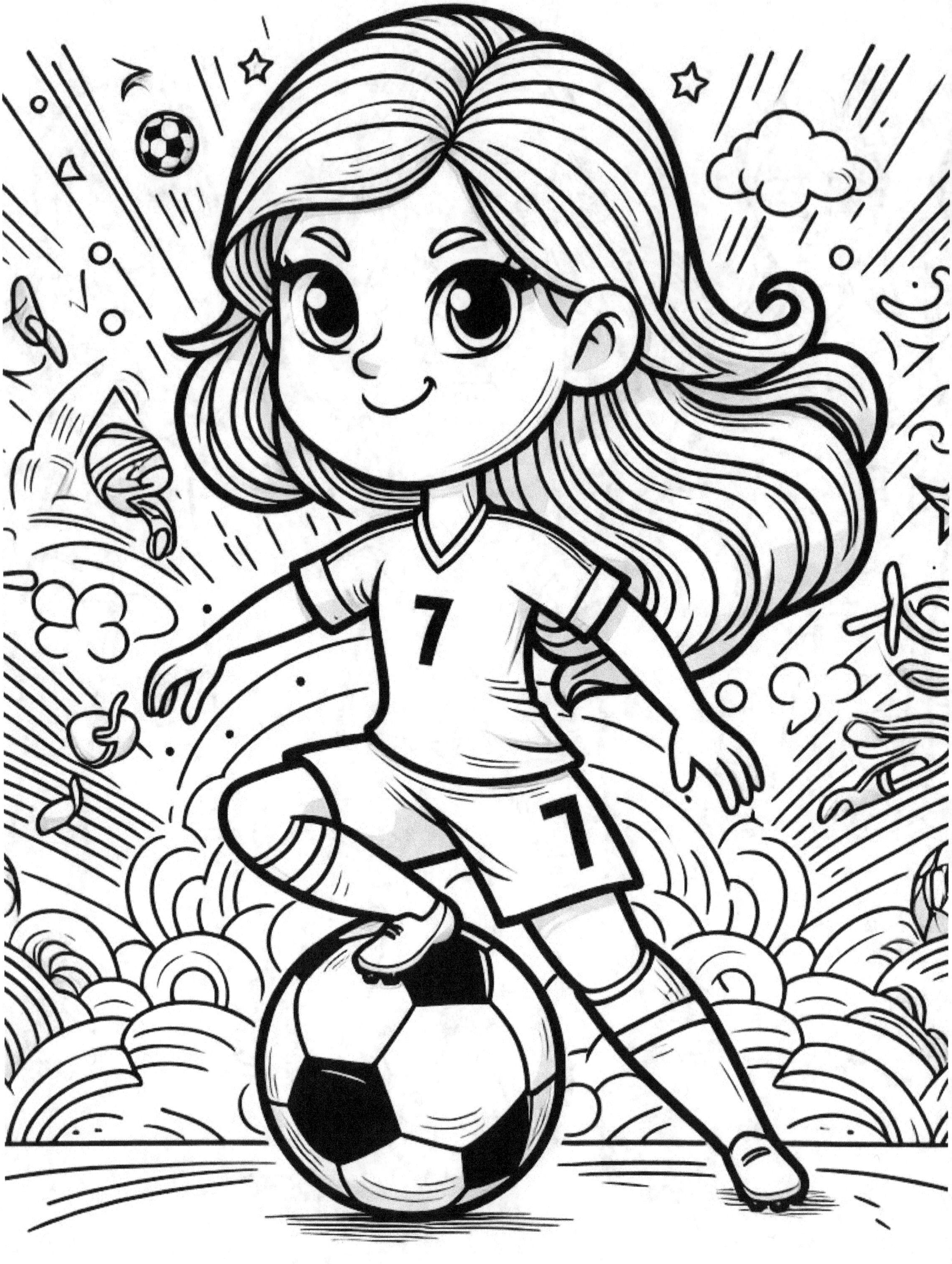
7
7

www.ingramcontent.com/pod-product-compliance
Lightning Source LLC
Chambersburg PA
CBHW081115290526
45795CB00006B/2134
* 9 7 9 8 8 7 9 4 7 7 7 0 2 *